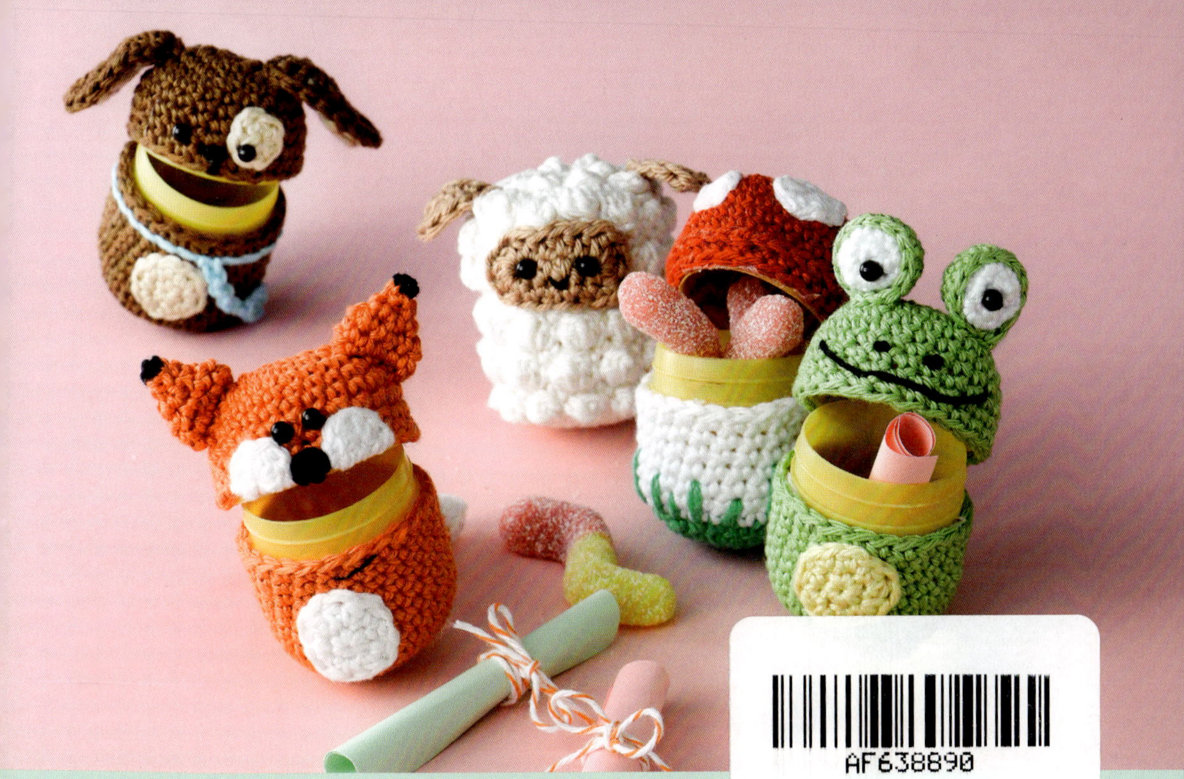

1,2,3 – hier kommt das bunte Eierlei an gehäkelten Hüllen für die Kapseln der beliebten Süßigkeit. Wir alle kennen die Eier aus der eigenen Kindheit, lieben sie auch noch heute bzw. verschenken sie gerne.

Wenn die Schokolade gegessen und das Spielzeug zusammengebaut ist, wandern die Kapseln meist in den Müll. Damit ist nun Schluss! Denn aus ihnen können Sie die süßesten Häkelfiguren anfertigen. Diese wiederum sind originelle Verpackungen für allerlei Kleinigkeiten. Sie eignen sich aber auch toll als Tischschmuck, als Anhänger oder einfach zum Sammeln.

Die liebevollen Ideen durchs Jahr und für viele Gelegenheiten sind schnell gemacht und werden garantiert für einen Wow-Effekt sorgen.

Viel Spaß beim Häkeln wünscht Ihnen

Melanie Czerny

# Niedliches Küken

perfekt für den Ostertisch

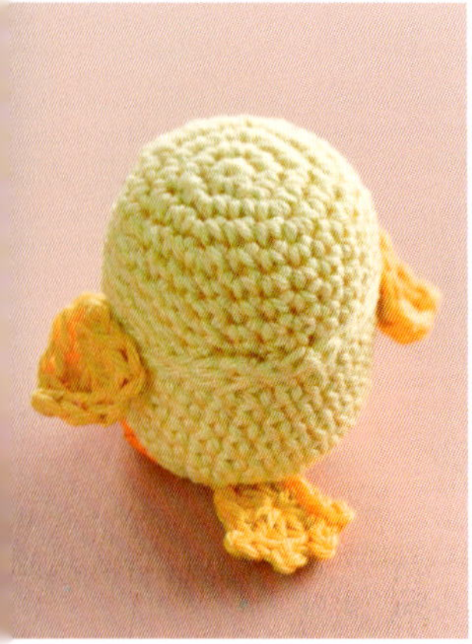

**MATERIAL**

- Schachenmayr Catania (LL 125 m/50 g) in Vanille (Fb 403), 50 g, in Sonne (Fb 208) und Orange (Fb 281), Reste
- Häkelnadel 3,0 mm
- 2 Perlen in Schwarz, ø 4 mm
- Heißkleber

## Anleitung

Alle Teile mit Ausnahme der Füße werden in Spiral-Rd gearbeitet.

### Oberteil

In Vanille einen Magic-Ring anfertigen.
**1. Rd:** 6 fM in den Ring häkeln (= 6 M).
**2. Rd:** Jede fM verdoppeln (= 12 M).
**3. Rd:** Jede 2. fM verdoppeln (= 18 M).
**4. Rd:** Jede 3. fM verdoppeln (= 24 M).
**5.-8. Rd:** Jeweils 24 fM häkeln.
**9. Rd:** 23 fM häkeln. Mit 1 Km schließen.
Faden abschneiden und durchziehen.

### Unterteil

In Vanille einen Magic-Ring anfertigen.
**1. Rd:** 6 fM in den Ring häkeln (= 6 M).
**2. Rd:** Jede fM verdoppeln (= 12 M).
**3. Rd:** Jede 2. fM verdoppeln (= 18 M).
**4. Rd:** Jede 3. fM verdoppeln (= 24 M).
**5.-11. Rd:** Jeweils 24 fM häkeln.
**12. Rd:** 23 fM häkeln. Mit 1 Km schließen.
Faden abschneiden und durchziehen.

### Schnabel

In Orange einen Magic-Ring anfertigen.
**1. Rd:** 2 Lm, 1 hStb, 2 Lm, 1 Km in den Ring häkeln.
Faden lang abschneiden und durchziehen.

### Flügel (2x)

In Sonne einen Magic-Ring anfertigen.
**1. Rd:** 1 Lm, 1 hStb, 2 Stb, 2 DStb, 1 Lm, 1 Km in das 2. DStb, 2 DStb, 2 Stb, 1 hStb in den Ring häkeln. Mit 1 Km in das 1. hStb schließen.
Faden lang abschneiden und durchziehen.
Den 2. Flügel ebenso häkeln.

### Fuß (2x)

In Orange einen Magic-Ring anfertigen.
Weiter in R arb.
**1. R:** 3 Lm, 2 hStb (= 3 M).
**2. R:** 1 Lm, 3 fM (= 3 M).
**3. R:** 1 Lm, * 1 fM, 1 Lm, 1 Km in dieselbe fM, ab * noch 2x wdh.
Faden lang abschneiden und durchziehen.
Den 2. Fuß ebenso häkeln.

### Schwänzchen

In Sonne einen Magic-Ring anfertigen.
**1. Rd:** 2 Lm, 3 hStb, * 1 Stb, 1 Lm, 1 Km in das Stb, ab * noch 3x wdh, 3 hStb. Mit 1 Km in die oberste Lm schließen.
Faden lang abschneiden und durchziehen.

### Fertigstellen

Flügel, Schwänzchen, Schnabel und Füße zuerst feststecken und dann aufnähen. Die Perlen als Augen aufnähen. Ober- und Unterteil so an der Kapsel ankleben, dass der Verbindungssteg der Kapsel auf der Rückseite ist. Mit 4 Überwendlingsstichen Ober- und Unterteil über dem Steg zusammennähen. Alle Fäden vernähen.

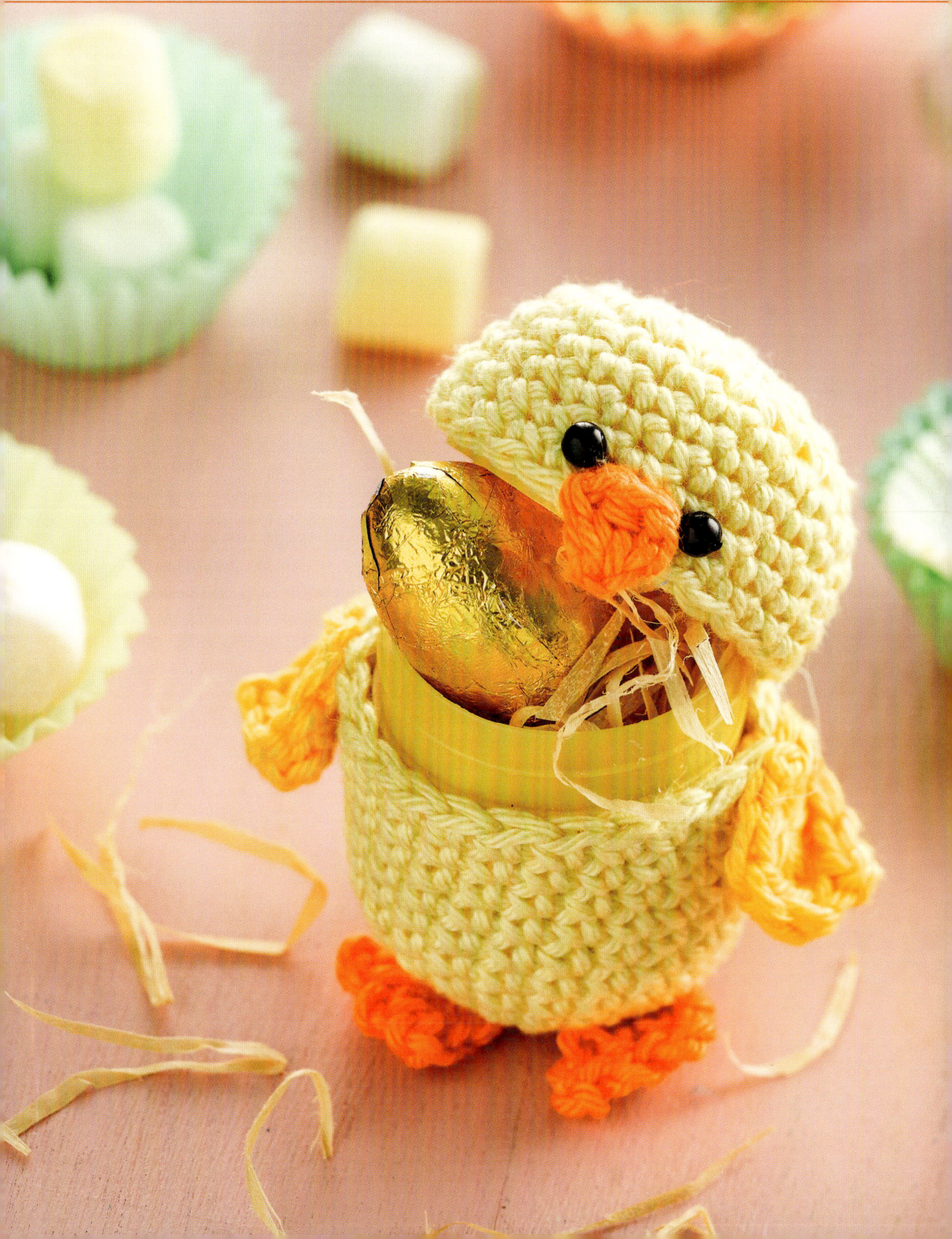

# Freches Monster

## hat nur Quatsch im Kopf

**MATERIAL**

- Schachenmayr Catania (LL 125 m/50 g) in Fuchsia (Fb 128) und Greenery (Fb 418), je 50 g, in Weiß (Fb 106), Rest
- Häkelnadel 3,0 mm
- 2 Perlen in Schwarz, ø 4 mm
- Stickgarn in Schwarz
- Heißkleber

### Streifenfolge

1 Rd in Greenery und 1 Rd in Fuchsia im Wechsel häkeln.

## Anleitung

Alle Teile mit Ausnahme des Unterteils werden in Spiral-Rd gearbeitet.

### Oberteil

In Fuchsia einen Magic-Ring anfertigen.
**1. Rd:** 6 fM in den Ring häkeln (= 6 M).
**2. Rd:** Jede fM verdoppeln (= 12 M).
**3. Rd:** Jede 2. fM verdoppeln (= 18 M).
**4. Rd:** Jede 3. fM verdoppeln (= 24 M).
**5.-8. Rd:** Jeweils 24 fM häkeln.
**9. Rd:** 23 fM häkeln. Mit 1 Km schließen.
Faden abschneiden und durchziehen.

### Unterteil

In Fuchsia einen Magic-Ring anfertigen. Weiter in geschlossenen Rd arb, damit saubere Streifen entstehen. Dafür jede Rd mit 1 Lm beginnen und mit 1 Km schließen.
**1. Rd:** 6 fM in den Ring häkeln (= 6 M).
Weiter in der Streifenfolge arb. Beim Fb-Wechsel den Faden innen hochziehen und die Lm am Rd-Beginn in der neuen Fb häkeln.
**2. Rd:** Jede fM verdoppeln (= 12 M).
**3. Rd:** Jede 2. fM verdoppeln (= 18 M).
**4. Rd:** Jede 3. fM verdoppeln (= 24 M).
**5.-11. Rd:** Jeweils 24 fM häkeln.
**12. Rd:** 23 fM häkeln. Mit 1 Km schließen.
Faden abschneiden und durchziehen.

### Ohr (2x)

In Greenery einen Magic-Ring anfertigen.
**1. Rd:** 2 Lm, 8 hStb in den Ring häkeln.
Faden abschneiden und durchziehen.
Das 2. Ohr ebenso häkeln.

### Auge (2x)

In Weiß einen Magic-Ring anfertigen.
**1. Rd:** 6 fM in den Ring häkeln. Mit 1 Km schließen.
Faden lang abschneiden und durchziehen.
Das 2. Auge in Greenery ebenso häkeln.

### Fertigstellen

Bei den Ohren jeweils die 2 Lm und das letzte hStb so zusammennähen, dass sie sich wölben. Ohren und Augen zuerst feststecken und dann aufnähen. Die Perlen als Augen aufnähen. Den Mund in Schwarz, 2 Zähne in Weiß aufsticken. Ober- und Unterteil so an der Kapsel ankleben, dass der Verbindungssteg der Kapsel auf der Rückseite ist. Mit 4 Überwendlingsstichen Ober- und Unterteil über dem Steg zusammennähen. Alle Fäden vernähen.

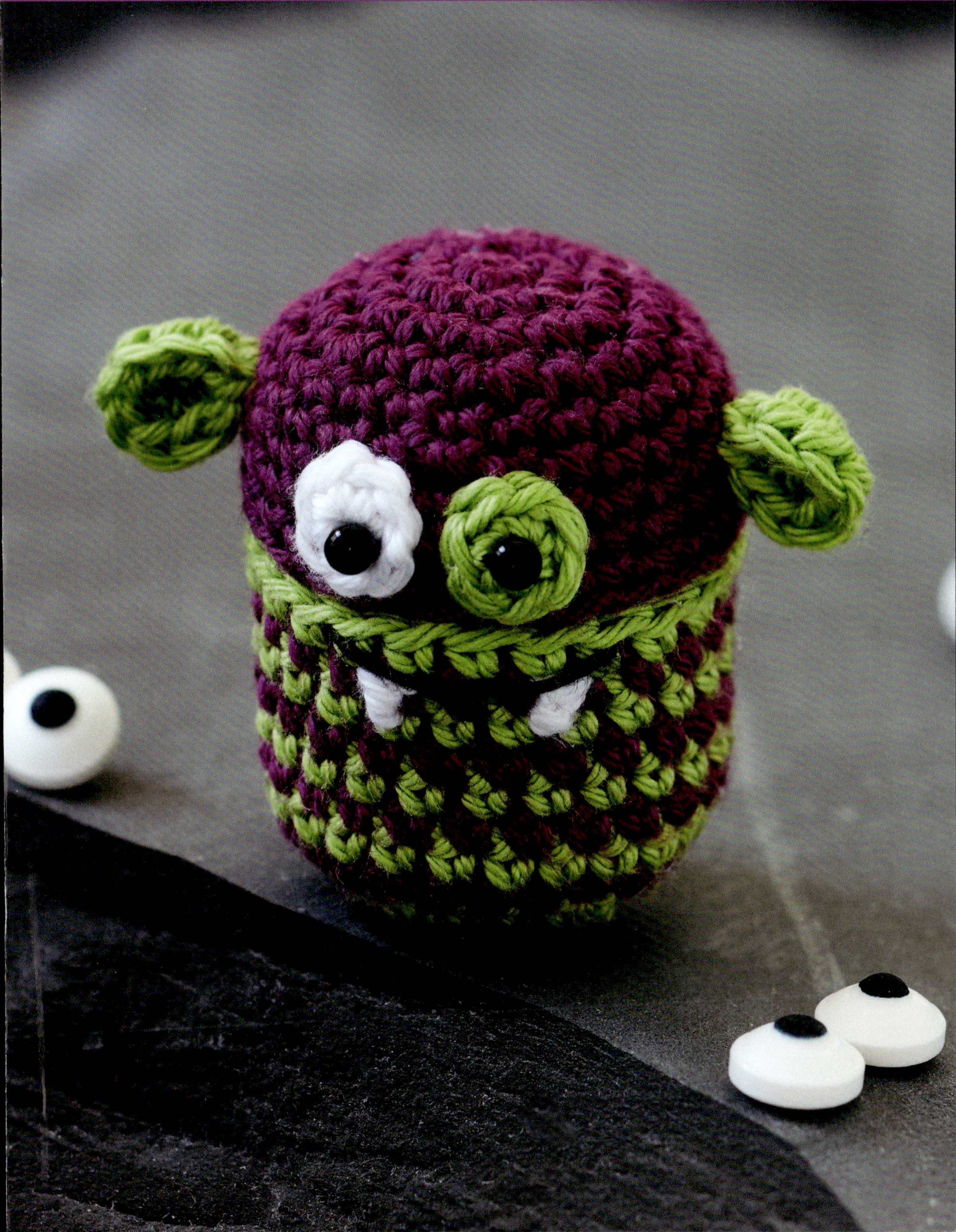

# Rosa Schweinchen

bringt Glück und liebe Grüße

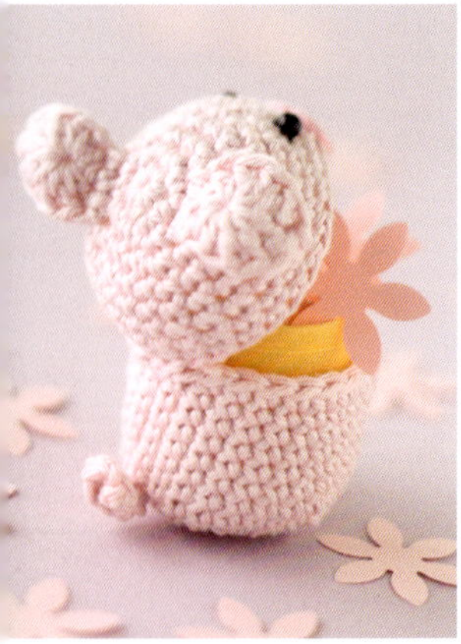

MATERIAL

- Schachenmayr Catania (LL 125 m/50 g) in Rosa (Fb 246), 50 g, in Orchidee (Fb 222) und Maigrün (Fb 389), Reste
- Häkelnadel 3,0 mm
- 2 Perlen in Schwarz, ø 4 mm
- Stickgarn in Schwarz
- Heißkleber

## Anleitung

Alle Teile mit Ausnahme des Schwänzchens werden in Spiral-Rd gearbeitet.

### Oberteil

In Rosa einen Magic-Ring anfertigen.
1. Rd: 6 fM in den Ring häkeln (= 6 M).
2. Rd: Jede fM verdoppeln (= 12 M).
3. Rd: Jede 2. fM verdoppeln (= 18 M).
4. Rd: Jede 3. fM verdoppeln (= 24 M).
5.-8. Rd: Jeweils 24 fM häkeln.
9. Rd: 23 fM häkeln. Mit 1 Km schließen.
Faden abschneiden und durchziehen.

### Unterteil

In Rosa einen Magic-Ring anfertigen.
1. Rd: 6 fM in den Ring häkeln (= 6 M).
2. Rd: Jede fM verdoppeln (= 12 M).
3. Rd: Jede 2. fM verdoppeln (= 18 M).
4. Rd: Jede 3. fM verdoppeln (= 24 M).
5.-11. Rd: Jeweils 24 fM häkeln.
12. Rd: 23 fM häkeln. Mit 1 Km schließen.
Faden abschneiden und durchziehen.

### Ohr (2x)

In Rosa einen Magic-Ring anfertigen.
1. Rd: 2 Lm, 2 hStb, 2 Stb, 1 DStb, 1 Lm, 1 Km in das DStb, 1 DStb, 2 Stb, 2 hStb in den Ring häkeln. Mit 1 Km in die 2. Lm schließen.
Faden lang abschneiden und durchziehen.
Das 2. Ohr ebenso häkeln.

### Rüssel

In Orchidee einen Magic-Ring anfertigen.
1. Rd: 8 fM in den Ring häkeln (= 8 M).
Faden lang abschneiden und durchziehen.

### Kleeblatt

In Maigrün einen Magic-Ring anfertigen.
1. Rd: * 2 Lm, 1 Stb, 2 Lm, 1 Km, ab * noch 3x wdh.
Faden lang abschneiden und durchziehen.

### Schwänzchen

Auf der Rückseite des Unterteils in Rosa anschlingen und 5 Lm anschl. Dann ab der 2. Lm ab Nd in jede Lm 2 fM häkeln. Faden abschneiden und durchziehen.

### Fertigstellen

Ohren, Rüssel und Kleeblatt zuerst feststecken und dann aufnähen. Die Perlen als Augen aufnähen. Den Stiel des Kleeblatts in Maigrün und den Mund in Schwarz aufsticken. Ober- und Unterteil so an der Kapsel ankleben, dass der Verbindungssteg der Kapsel auf der Rückseite ist. Mit 4 Überwendlingsstichen Ober- und Unterteil über dem Steg zusammennähen. Alle Fäden vernähen.

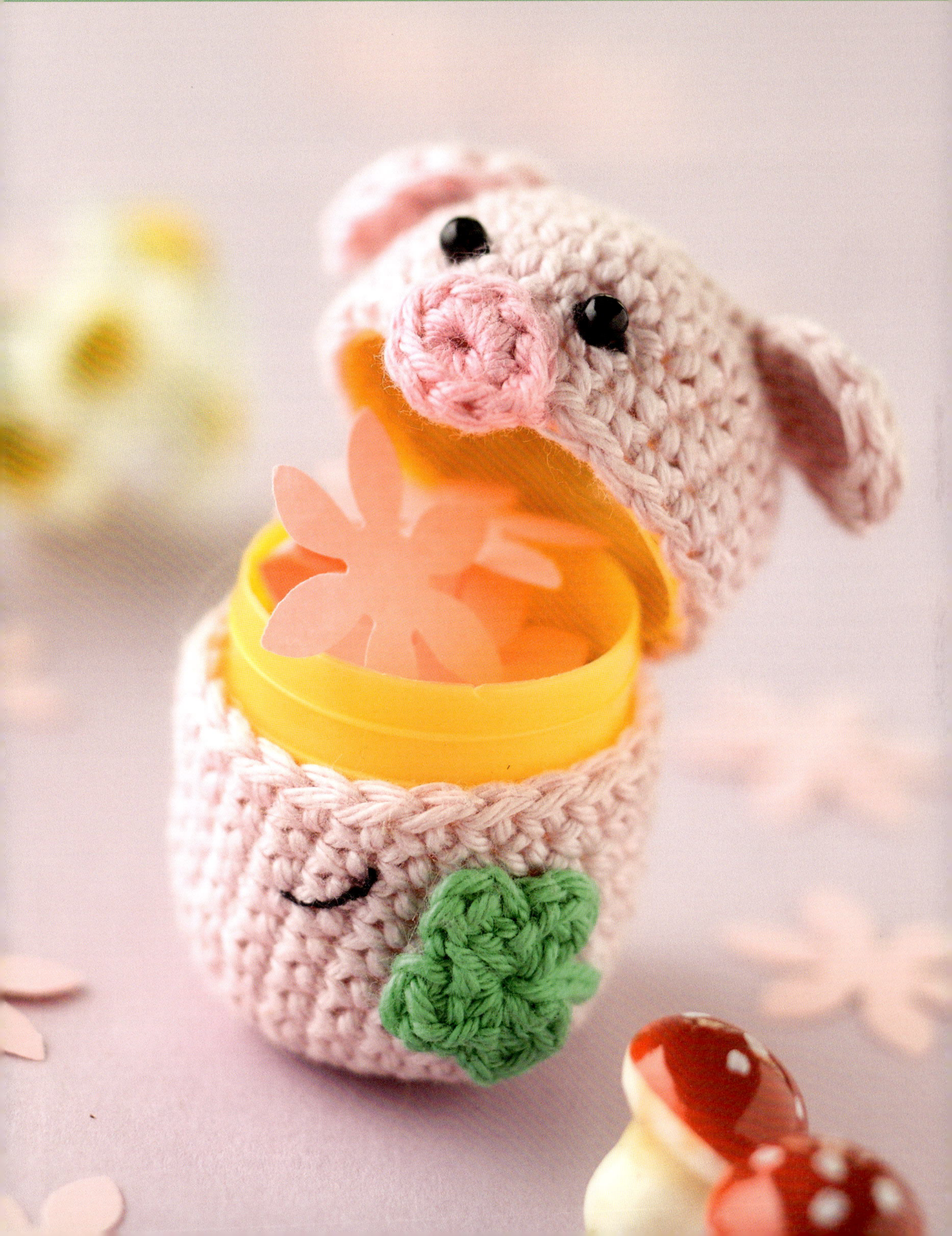

# Süßer Hoppelhase

darf in keinem Osternest fehlen

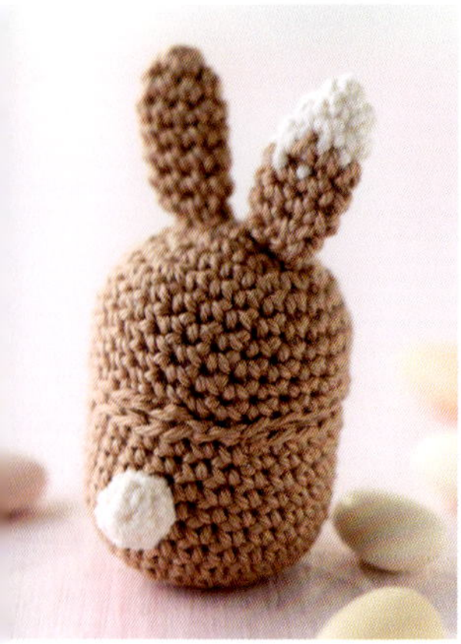

**MATERIAL**

- Schachenmayr Catania (LL 125 m/50 g) in Sun-Kissed (Fb 437), 50 g, in Natur (Fb 105), Rest
- Häkelnadel 3,0 mm
- Stickgarn in Schwarz
- 2 Perlen in Schwarz, ø 4 mm
- Heißkleber

## Anleitung

Alle Teile werden in Spiral-Rd gearbeitet.

### Oberteil

In Sun-Kissed einen Magic-Ring anfertigen.
1. Rd: 6 fM in den Ring häkeln (= 6 M).
2. Rd: Jede fM verdoppeln (= 12 M).
3. Rd: Jede 2. fM verdoppeln (= 18 M).
4. Rd: Jede 3. fM verdoppeln (= 24 M).
5.-8. Rd: Jeweils 24 fM häkeln.
9. Rd: 23 fM häkeln. Mit 1 Km schließen.
Faden abschneiden und durchziehen.

### Unterteil

In Sun-Kissed einen Magic-Ring anfertigen.
1. Rd: 6 fM in den Ring häkeln (= 6 M).
2. Rd: Jede fM verdoppeln (= 12 M).
3. Rd: Jede 2. fM verdoppeln (= 18 M).
4. Rd: Jede 3. fM verdoppeln (= 24 M).
5.-11. Rd: Jeweils 24 fM häkeln.
12. Rd: 23 fM häkeln. Mit 1 Km schließen.
Faden abschneiden und durchziehen.

### Ohr (2x)

In Sun-Kissed einen Magic-Ring anfertigen.
1. Rd: 6 fM in den Ring häkeln (= 6 M).
2. Rd: Jede 3. fM verdoppeln (= 8 M).
3.-6. Rd: Jeweils 8 fM häkeln,
7. Rd: Jede 3. und 4. fM zusammen abmaschen (= 6 M).
Faden abschneiden und durchziehen.
Das 2. Ohr ebenso häkeln, jedoch die 1.-3. Rd in Natur arb.

### Nase

In Natur einen Magic-Ring anfertigen.
1. Rd: * 1 Lm, 1 hStb, 1 Stb, 1 hStb, 1 Lm, 1 Km, ab * noch 1x wdh.
Faden lang abschneiden und durchziehen.

### Schwänzchen

In Natur einen Magic-Ring anfertigen.
1. Rd: 6 fM in den Ring häkeln (= 6 M).
2.-4. Rd: Jeweils 6 fM häkeln.
Faden lang abschneiden und durchziehen.

### Fertigstellen

Ohren, Nase und Schwänzchen zuerst feststecken und dann aufnähen. Die Perlen als Augen aufnähen. Die Schnauze in Schwarz aufsticken. Ober- und Unterteil so an der Kapsel ankleben, dass der Verbindungssteg der Kapsel auf der Rückseite ist. Mit 4 Überwendlingsstichen Ober- und Unterteil über dem Steg zusammennähen. Alle Fäden vernähen.

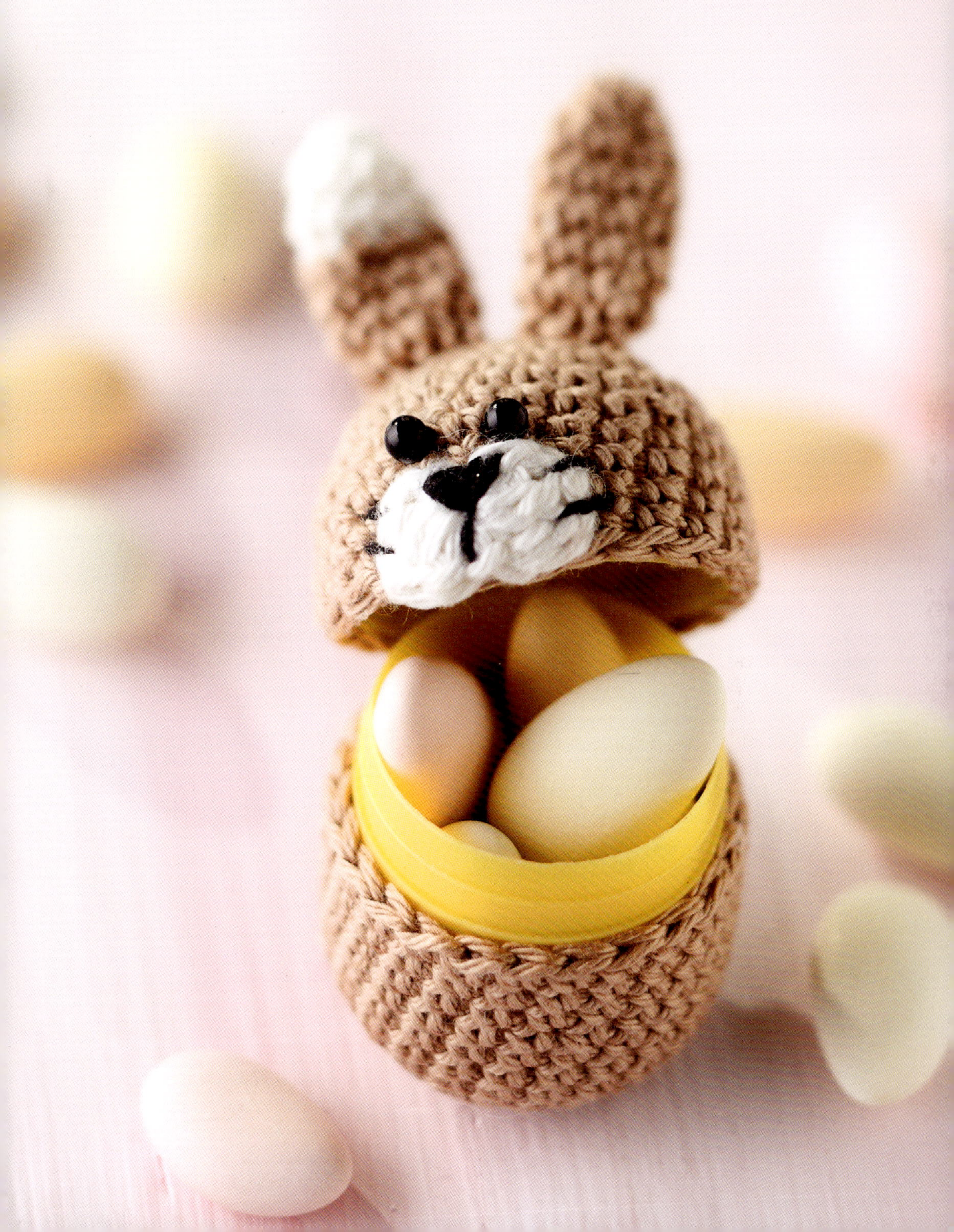

# Treuer Hund

lässt alle Herzen schmelzen

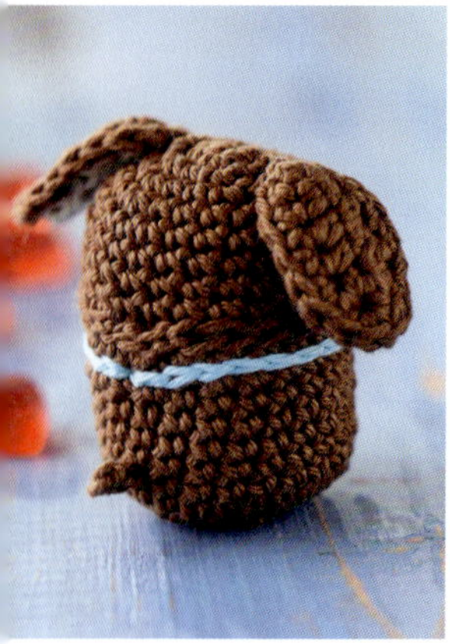

MATERIAL

- Schachenmayr Catania (LL 125 m/50 g) in Marone (Fb 157), 50 g, in Sand (Fb 404) und Türkis (Fb 397), Reste
- Häkelnadel 3,0 mm
- 2 Perlen in Schwarz, ø 4 mm
- Stickgarn in Schwarz
- Heißkleber

## Anleitung

Alle Teile werden in Spiral-Rd gearbeitet.

### Oberteil

In Marone einen Magic-Ring anfertigen.
**1. Rd:** 6 fM in den Ring häkeln (= 6 M).
**2. Rd:** Jede fM verdoppeln (= 12 M).
**3. Rd:** Jede 2. fM verdoppeln (= 18 M).
**4. Rd:** Jede 3. fM verdoppeln (= 24 M).
**5.-8. Rd:** Jeweils 24 fM häkeln.
**9. Rd:** 23 fM häkeln. Mit 1 Km schließen.
Faden abschneiden und durchziehen.

### Unterteil

In Marone einen Magic-Ring anfertigen.
**1. Rd:** 6 fM in den Ring häkeln (= 6 M).
**2. Rd:** Jede fM verdoppeln (= 12 M).
**3. Rd:** Jede 2. fM verdoppeln (= 18 M).
**4. Rd:** Jede 3. fM verdoppeln (= 24 M).
**5.-11. Rd:** Jeweils 24 fM häkeln.
**12. Rd:** 23 fM häkeln. Mit 1 Km schließen.
Faden abschneiden und durchziehen.

### Außenohr (2x)

In Marone 6 Lm anschl. Dann die Lm-Kette von beiden Seiten behäkeln.
**1. Rd:** 2 fM, 2 hStb, 4 hStb in 1 M, 2 hStb, 1 fM, 1 fM verdoppeln (= 13 M).
**2. Rd:** 4 fM, 4 fM verdoppeln, 4 fM, 1 Km (= 17 M).
Faden lang abschneiden und durchziehen.
Das 2. Ohr ebenso häkeln.

### Innenohr (2x)

In Sand 6 Lm anschl. Dann die Lm-Kette von beiden Seiten behäkeln.
**1. Rd:** 2 fM, 2 hStb, 4 hStb in 1 M, 2 hStb, 1 fM, 1 fM verdoppeln (= 13 M).
Faden lang abschneiden und durchziehen.
Das 2. Ohr ebenso häkeln.

### Bauch

In Sand einen Magic-Ring anfertigen.
**1. Rd:** 6 fM in den Ring häkeln (= 6 M).
**2. Rd:** Jede fM verdoppeln (= 12 M).
Faden lang abschneiden und durchziehen.

### Augenfleck

In Sand einen Magic-Ring anfertigen.
**1. Rd:** 2 Lm, 6 hStb in den Ring häkeln. Mit 1 Km schließen.
Faden lang abschneiden und durchziehen.

### Halsband

In der 11. Rd des Unterteils in Türkis anschlingen und 1 Rd Km häkeln.
Faden abschneiden und durchziehen.

### Fertigstellen

Die Innenohren auf die Außenohren nähen und zusammen am Oberteil festnähen. Auge und Bauch zuerst feststecken und dann aufnähen. Die Perlen als Augen aufnähen, Mund und Nase in Schwarz aufsticken. Für das Schwänzchen auf der Rückseite in Marone anschlingen. Dann 5 Lm anschl und 4 Km auf der Lm-Kette häkeln. Für die Leine vorne am Halsband in Türkis anschlingen und 15 Lm arb. Faden abschneiden und eine Schlaufe aus den Lm knoten. Ober- und Unterteil so an der Kapsel ankleben, dass der Verbindungssteg der Kapsel auf der Rückseite ist. Mit 4 Überwendlingsstichen Ober- und Unterteil über dem Steg zusammennähen. Alle Fäden vernähen.

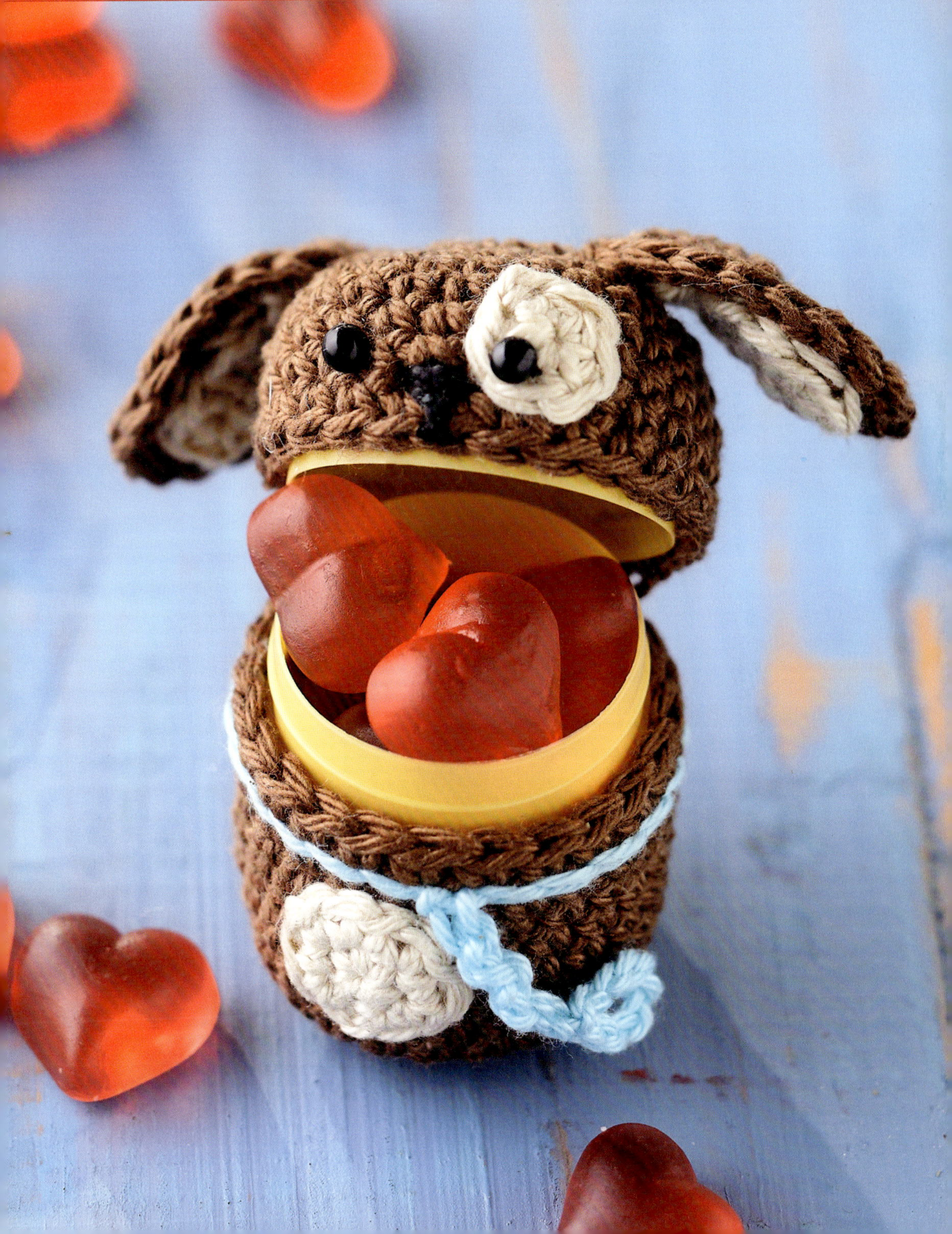

# Fleißige Biene

zuckersüß wie Blütennektar

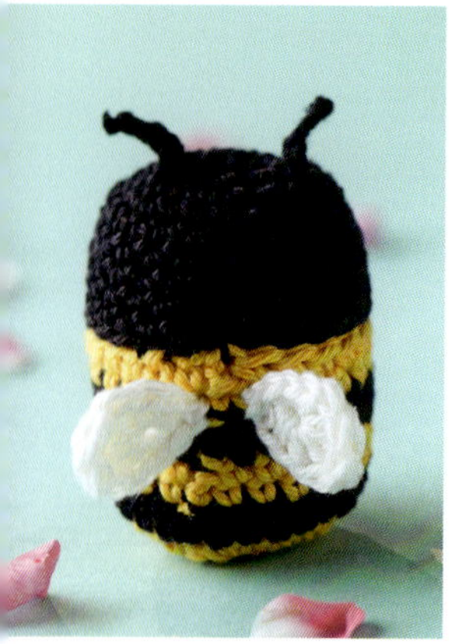

MATERIAL

- Schachenmayr Catania (LL 125 m/50 g) in Schwarz (Fb 110) und Sonne (Fb 208), je 50 g, in Natur (Fb 105), Rest
- Häkelnadel 3,0 mm
- 2 Perlen in Schwarz, ø 4 mm
- Heißkleber

## Anleitung

Alle Teile mit Ausnahme des Unterteils werden in Spiral-Rd gearbeitet.

### Oberteil

In Schwarz einen Magic-Ring anfertigen.
1. Rd: 6 fM in den Ring häkeln (= 6 M).
2. Rd: Jede fM verdoppeln (= 12 M).
3. Rd: Jede 2. fM verdoppeln (= 18 M).
4. Rd: Jede 3. fM verdoppeln (= 24 M).
5.-8. Rd: Jeweils 24 fM häkeln.
9. Rd: 23 fM häkeln. Mit 1 Km schließen.
Faden abschneiden und durchziehen.

### Unterteil

In Schwarz einen Magic-Ring anfertigen. Weiter in geschlossenen Rd arb, damit saubere Streifen entstehen. Dafür jede Rd mit 1 Km schließen und die neue Rd mit 1 Lm beginnen. Beim Fb-Wechsel den Faden innen hochziehen und die Lm am Rd-Beginn in der neuen Fb häkeln.
1. Rd: 6 fM in den Ring häkeln (= 6 M).
2. Rd: Jede fM verdoppeln (= 12 M).
3. Rd (Sonne): Jede 2. fM verdoppeln (= 18 M).
4. Rd: Jede 3. fM verdoppeln (= 24 M).
5.+6. Rd (Schwarz): Jeweils 24 fM häkeln.
7.+8. Rd (Sonne): Jeweils 24 fM häkeln.
9.+10. Rd (Schwarz): Jeweils 24 fM häkeln.
11. Rd (Sonne): Jeweils 24 fM häkeln.
12. Rd: 23 fM häkeln. Mit 1 Km schließen.
Faden abschneiden und durchziehen.

### Auge (2x)

In Natur einen Magic-Ring anfertigen.
1. Rd: 6 fM in den Ring häkeln und mit 1 Km schließen.
Faden lang abschneiden und durchziehen.
Das 2. Auge ebenso häkeln.

### Flügel (2x)

In Natur einen Magic-Ring anfertigen.
1. Rd: 1 Lm, 1 fM, 1 hStb, 1 Stb, 3 DStb, 1 Stb, 1 hStb, 1 fM in den Ring häkeln. Mit 1 Km schließen.
Faden lang abschneiden und durchziehen.
Den 2. Flügel ebenso häkeln.

### Fühler (2x)

Für den 1. Fühler in der 2. Rd des Oberteils in Schwarz anschlingen und 4 Lm arb. Faden abschneiden und durchziehen. Den 2. Fühler im Abstand von 6. M ebenso häkeln.

### Fertigstellen

Flügel und weiße Augen zuerst feststecken und dann aufnähen. Die Perlen auf den Augen annähen. Ober- und Unterteil so an der Kapsel ankleben, dass der Verbindungssteg der Kapsel auf der Rückseite ist. Mit 4 Überwendlingsstichen Ober- und Unterteil über dem Steg zusammennähen. Alle Fäden vernähen.

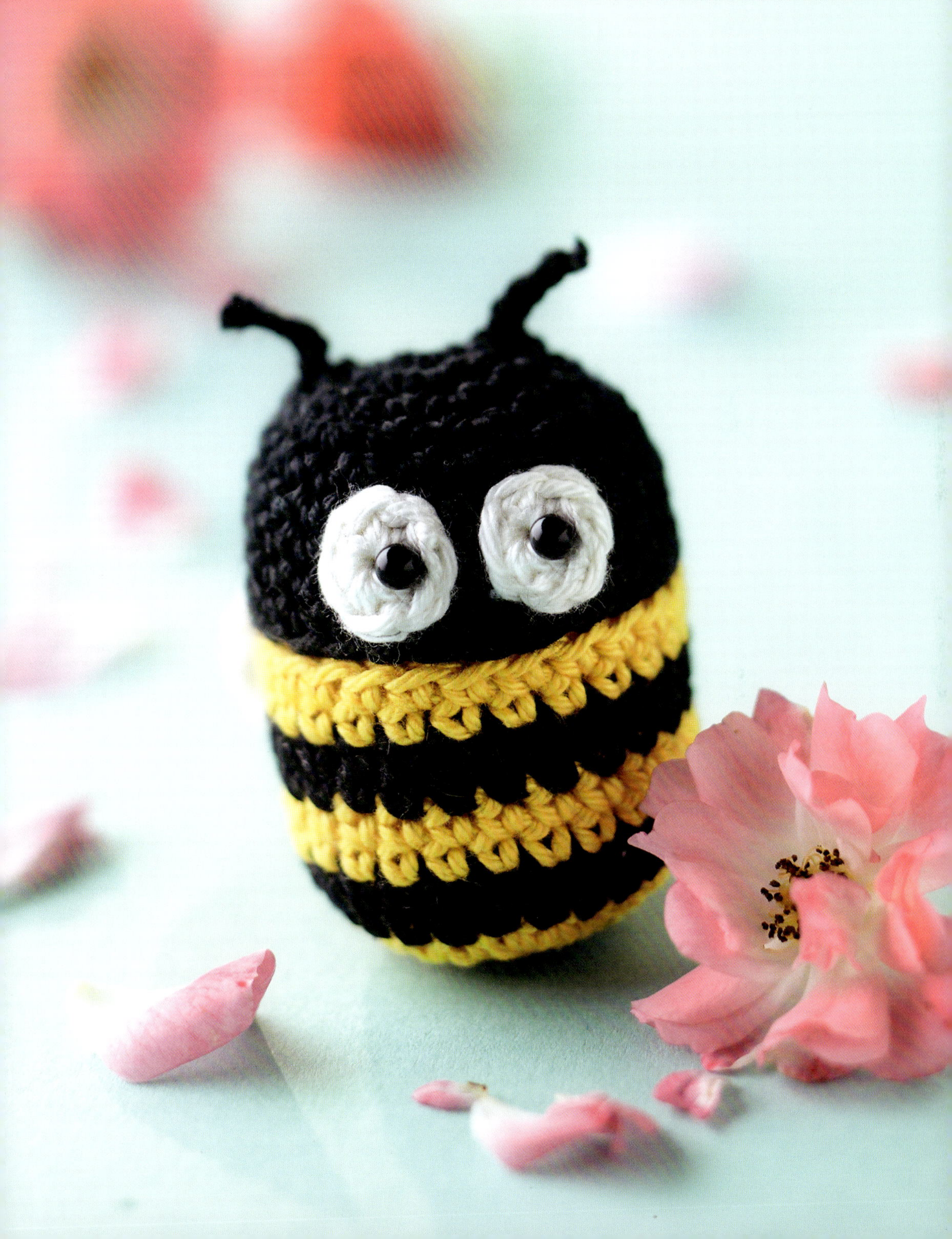

# Dicker Frosch

mit Potential zum Märchenprinzen

**MATERIAL**

- Schachenmayr Catania (LL 125 m/50 g) in Greenery (Fb 418), 50 g, in Weiß (Fb 106) und Vanille (Fb 403), Reste
- Häkelnadel 2,5 mm und 3,0 mm
- 2 Perlen in Schwarz, ø 4 mm
- Stickgarn in Schwarz
- Heißkleber

## Anleitung

Alle Teile werden in Spiral-Rd gearbeitet.

### Oberteil

In Greenery mit Häkelnd 3,0 mm einen Magic-Ring anfertigen.
**1. Rd:** 6 fM in den Ring häkeln (= 6 M).
**2. Rd:** Jede fM verdoppeln (= 12 M).
**3. Rd:** Jede 2. fM verdoppeln (= 18 M).
**4. Rd:** Jede 3. fM verdoppeln (= 24 M).
**5.-8. Rd:** Jeweils 24 fM häkeln.
**9. Rd:** 23 fM häkeln. Mit 1 Km schließen.
Faden abschneiden und durchziehen.

### Unterteil

In Greenery mit Häkelnd 3,0 mm einen Magic-Ring anfertigen.
**1. Rd:** 6 fM in den Ring häkeln (= 6 M).
**2. Rd:** Jede fM verdoppeln (= 12 M).
**3. Rd:** Jede 2. fM verdoppeln (= 18 M).
**4. Rd:** Jede 3. fM verdoppeln (= 24 M).
**5.-11. Rd:** Jeweils 24 fM häkeln.
**12. Rd:** 23 fM häkeln. Mit 1 Km schließen.
Faden abschneiden und durchziehen.

### Hinteres Auge (2x)

In Greenery mit Häkelnd 2,5 mm einen Magic-Ring anfertigen.
**1. Rd:** 6 fM in den Ring häkeln (= 6 M).
**2. Rd:** Jede fM verdoppeln (= 12 M).
**3.+4. Rd:** Jeweils 12 fM häkeln.
Faden lang abschneiden und durchziehen.
Das 2. Auge ebenso häkeln.

### Vorderes Auge (2x)

In Weiß mit Häkelnd 2,5 mm einen Magic-Ring anfertigen.
**1. Rd:** 5 fM in den Ring häkeln (= 5 M).
**2. Rd:** Jede fM verdoppeln (= 10 M).
**3. Rd:** 10 fM häkeln.
**4. Rd:** Jeweils 2 fM zusammen abmaschen (= 5 M).
Faden lang abschneiden und durchziehen.
Das 2. Auge ebenso häkeln.

### Bauch

In Vanille mit Häkelnd 3,0 mm einen Magic-Ring anfertigen.
**1. Rd:** 6 fM in den Ring häkeln (= 6 M).
**2. Rd:** * 2 fM verdoppeln, 1 hStb verdoppeln, ab * noch 1x wdh. Mit 1 Km schließen (= 12 M).
Faden lang abschneiden und durchziehen.

### Fertigstellen

Die vorderen Augen etwas gewölbt in den hinteren Augen festnähen und beide auf dem Oberteil annähen. Den Bauch und die Perlen als Augen aufnähen, Mund und Nase in Schwarz aufsticken. Ober- und Unterteil so an der Kapsel ankleben, dass der Verbindungssteg der Kapsel auf der Rückseite ist. Mit 4 Überwendlingsstichen Ober- und Unterteil über dem Steg zusammennähen. Alle Fäden vernähen.

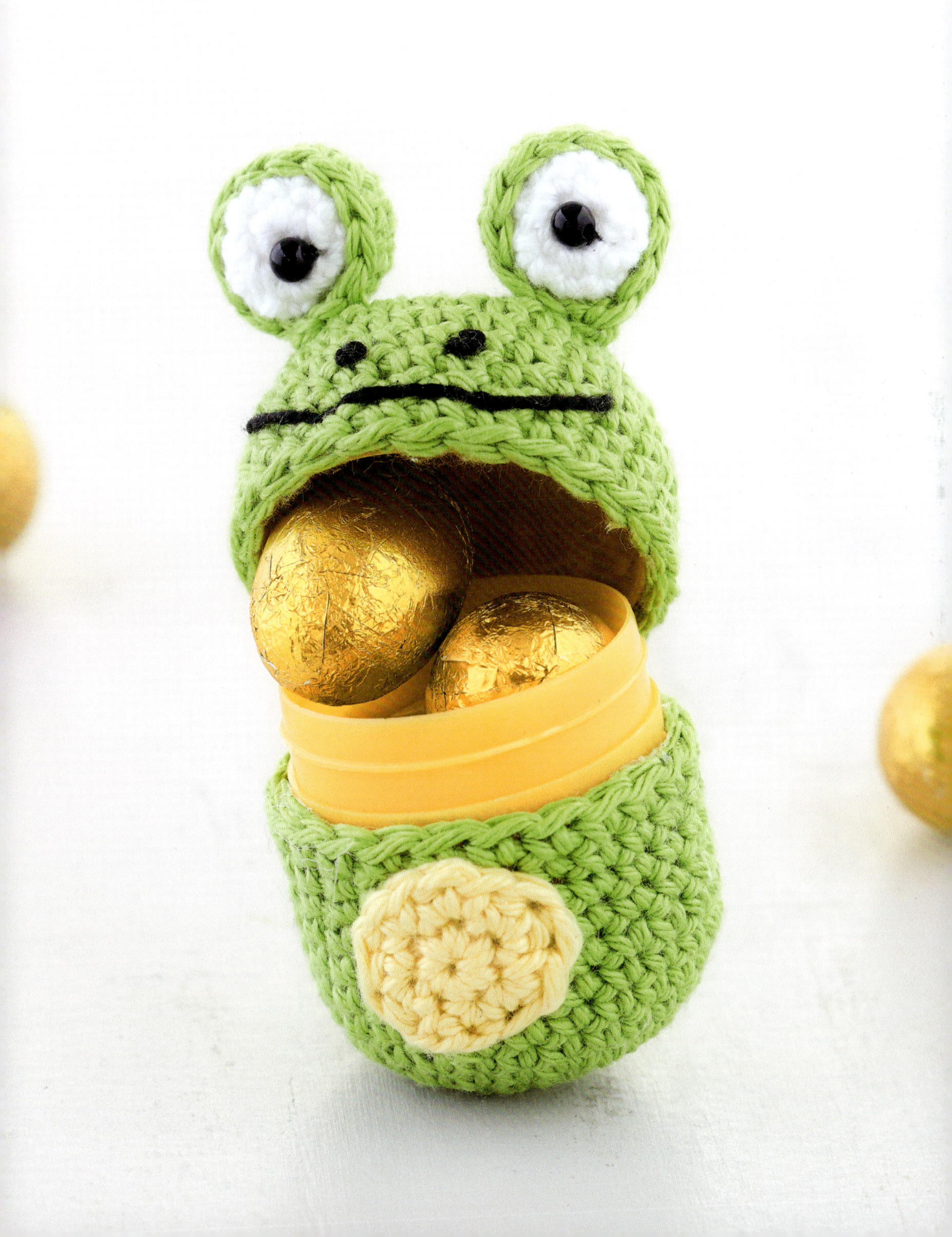

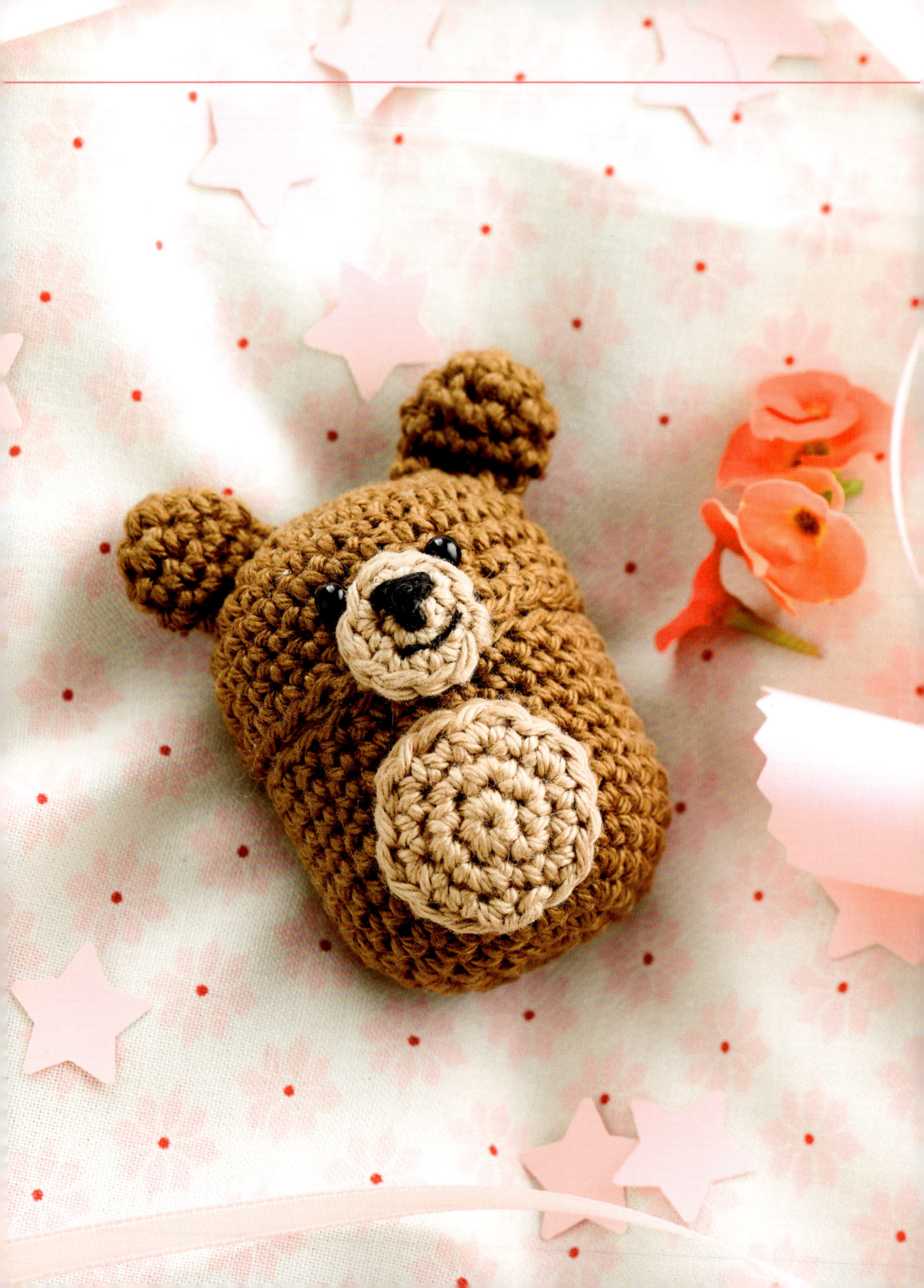

# Kleiner Knuddelbär

überbringt geheime Botschaften

**MATERIAL**

- Schachenmayr Catania (LL 125 m/50 g) in Marone (Fb 157), 50 g, in Sun-Kissed (Fb 437), Rest
- Häkelnadel 3,0 mm
- 2 Perlen in Schwarz, ø 4 mm
- Stickgarn in Schwarz
- Heißkleber

## Anleitung

Alle Teile werden in Spiral-Rd gearbeitet.

### Oberteil

In Marone einen Magic-Ring anfertigen.
1. Rd: 6 fM in den Ring häkeln (= 6 M).
2. Rd: Jede fM verdoppeln (= 12 M).
3. Rd: Jede 2. fM verdoppeln (= 18 M).
4. Rd: Jede 3. fM verdoppeln (= 24 M).
5.-8. Rd: Jeweils 24 fM häkeln.
9. Rd: 23 fM häkeln. Mit 1 Km schließen.
Faden abschneiden und durchziehen.

### Unterteil

In Marone einen Magic-Ring anfertigen.
1. Rd: 6 fM in den Ring häkeln (= 6 M).
2. Rd: Jede fM verdoppeln (= 12 M).
3. Rd: Jede 2. fM verdoppeln (= 18 M).
4. Rd: Jede 3. fM verdoppeln (= 24 M).
5.-11. Rd: Jeweils 24 fM häkeln.
12. Rd: 23 fM häkeln. Mit 1 Km schließen.
Faden abschneiden und durchziehen.

### Ohr (2x)

In Marone einen Magic-Ring anfertigen.
1. Rd: 5 fM in den Ring häkeln (= 5 M).
2. Rd: Jede fM verdoppeln (= 10 M).
3. Rd: 10 fM häkeln.
Faden lang abschneiden und durchziehen.
Das 2. Ohr ebenso häkeln.

### Nase

In Sun-Kissed einen Magic-Ring anfertigen.
1. Rd: 5 fM in den Ring häkeln (= 5 M).
2. Rd: Jede fM verdoppeln (= 10 M).
Faden lang abschneiden und durchziehen.

### Bauch

In Sun-Kissed einen Magic-Ring anfertigen.
1. Rd: 6 fM in den Ring häkeln (= 6 M).
2. Rd: Jede fM verdoppeln (= 12 M).
3. Rd: Jede 2. fM verdoppeln (= 18 M).
Faden lang abschneiden und durchziehen.

### Fertigstellen

Ohren, Nase und Bauch zuerst feststecken und dann aufnähen. Die Perlen als Augen aufnähen, Mund und Nase aufsticken. Ober- und Unterteil so an der Kapsel ankleben, dass der Verbindungssteg der Kapsel auf der Rückseite ist. Mit 4 Überwendlingsstichen Ober- und Unterteil über dem Steg zusammennähen. Alle Fäden vernähen.

# Freundlicher Glücksbringer

Geschenk für viele Gelegenheiten

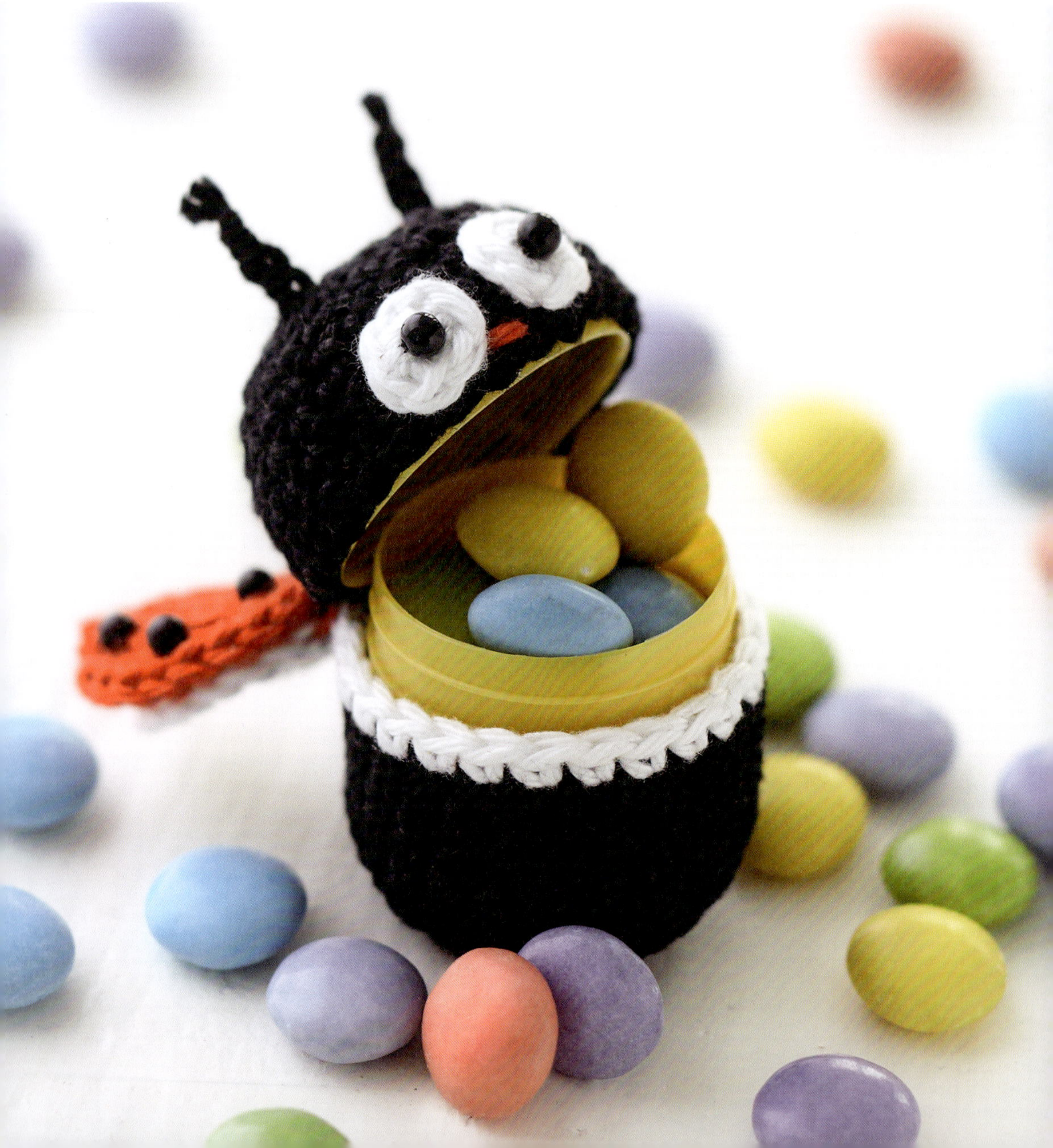

MATERIAL

- Schachenmayr Catania (LL 125 m/50 g) in Schwarz (Fb 110), 50 g , in Signalrot (Fb 115) und Weiß (Fb 106), Reste
- Häkelnadel 3,0 mm
- 8 Perlen in Schwarz, ø 4 mm
- Heißkleber

# Anleitung

Alle Teile mit Ausnahme der Flügel werden in Spiral-Rd gearbeitet.

## Oberteil

In Schwarz einen Magic-Ring anfertigen.
**1. Rd:** 6 fM in den Ring häkeln (= 6 M).
**2. Rd:** Jede fM verdoppeln (= 12 M).
**3. Rd:** Jede 2. fM verdoppeln (= 18 M).
**4. Rd:** Jede 3. fM verdoppeln (= 24 M).
**5.-8. Rd:** Jeweils 24 fM häkeln.
**9. Rd:** 23 fM häkeln. Mit 1 Km schließen.
Faden abschneiden und durchziehen.

## Unterteil

In Schwarz einen Magic-Ring anfertigen.
**1. Rd:** 6 fM in den Ring häkeln (= 6 M).
**2. Rd:** Jede fM verdoppeln (= 12 M).
**3. Rd:** Jede 2. fM verdoppeln (= 18 M).
**4. Rd:** Jede 3. fM verdoppeln (= 24 M).
**5.-11. Rd:** Jeweils 23 fM häkeln. Mit 1 Km schließen.
Faden abschneiden und durchziehen.
**12. Rd (Weiß):** 23 fM häkeln. Mit 1 Km schließen.
Faden abschneiden und durchziehen.

## Auge (2x)

In Weiß einen Magic-Ring anfertigen.
**1. Rd:** 6 fM in den Ring häkeln. Mit 1 Km schließen.
Faden lang abschneiden und durchziehen.
Das 2. Auge ebenso häkeln.

## Flügel (4x)

In Weiß einen Magic-Ring anfertigen. Weiter in R arb.
**1. R:** 3 Lm, 6 Stb in den Ring häkeln und so zusammenschieben, dass ein Halbkreis entsteht. Wenden.
**2. R:** 1 Lm, 2 fM in jedes Stb. Am Ende der R weiter nach unten in jede Steige-Lm der 1. R 1 fM häkeln und in den Rand des letzten Stb der 1. R 3 fM arb. Mit 1 Km schließen (= 19 M).
Faden lang abschneiden und durchziehen.
Noch 1 weiteren Flügel in Weiß und 2 Flügel in Signalrot ebenso häkeln.

## Fertigstellen

Die weißen Flügel unter den roten Flügeln annähen, dann die Flügel an der Rückseite annähen, dabei darauf achten, dass die Flügel zu schweben scheinen und sich nur in der Mitte berühren. Die Perlen auf die Flügel in Signalrot und die Augen nähen. Für die Fühler in der 2. Rd des Oberteils in Schwarz anschlingen und 4 Lm häkeln. Die Nase in Signalrot aufsticken. Ober- und Unterteil so an der Kapsel ankleben, dass der Verbindungssteg der Kapsel auf der Rückseite ist. Mit 4 Überwendlingsstichen Ober- und Unterteil über dem Steg zusammennähen. Alle Fäden vernähen.

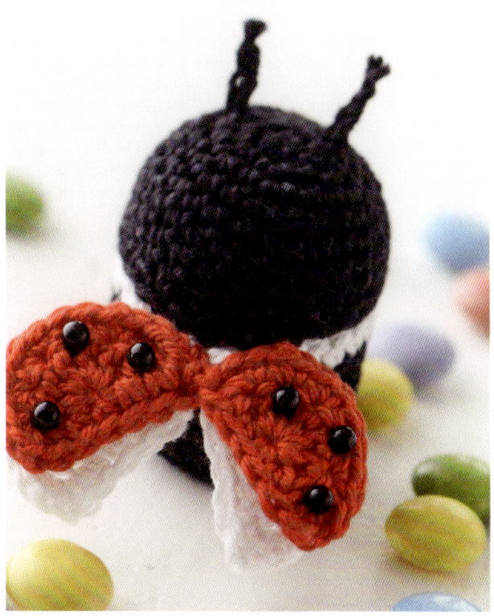

# Putziger Elefant

## bringt ganz viel Liebe mit

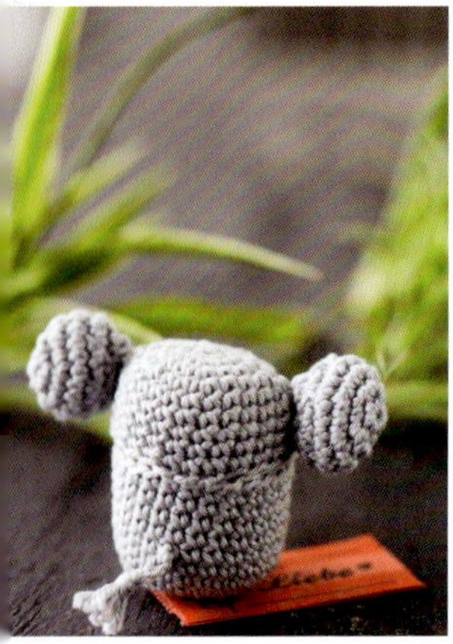

MATERIAL

- Schachenmayr Catania (LL 125 m/50 g) in Silber (Fb 172), 50 g
- Häkelnadel 3,0 mm
- 2 Perlen in Schwarz, ø 4 mm
- Stickgarn in Schwarz
- Heißkleber

## Anleitung

Alle Teile werden in Spiral-Rd gearbeitet.

### Oberteil und Rüssel

In Silber einen Magic-Ring anfertigen.
1. Rd: 6 fM in den Ring häkeln (= 6 M).
2. Rd: Jede fM verdoppeln (= 12 M).
3. Rd: Jede 2. fM verdoppeln (= 18 M).
4. Rd: Jede 3. fM verdoppeln (= 24 M).
5.-9. Rd: Jeweils 24 fM häkeln.
Nun für den Rüssel wie folgt weiterhäkeln.
10. Rd: 5 fM in die vorderen M-Glieder häkeln, dann zurück 5 fM in die hinteren M-Glieder der selben M arb. Mit 1 Km die Rd schließen (= 10 M).
11. Rd: 10 fM häkeln.
12. Rd: Jede 4. und 5. fM zusammen abmaschen (= 8 M).
13.-15. Rd: Jeweils 8 fM häkeln.
16. Rd: Jede 3. und 4. fM zusammen abmaschen (= 6 M).
17. Rd: 5 fM häkeln. Mit 1 Km schließen.
Faden abschneiden und durchziehen.

### Unterteil

In Silber einen Magic-Ring anfertigen.
1. Rd: 6 fM in den Ring häkeln (= 6 M).
2. Rd: Jede fM verdoppeln (= 12 M).
3. Rd: Jede 2. fM verdoppeln (= 18 M).
4. Rd: Jede 3. fM verdoppeln (= 24 M).
5.-11. Rd: Jeweils 24 fM häkeln.
12. Rd: 23 fM häkeln. Mit 1 Km schließen.
Faden abschneiden und durchziehen.

### Ohr (2x)

In Silber einen Magic-Ring anfertigen.
1. Rd: 6 fM in den Ring häkeln (= 6 M).
2. Rd: Jede fM verdoppeln (= 12 M).
3. Rd: Jede 2. fM verdoppeln (= 18 M).
4. Rd: 18 fM häkeln.
5. Rd: Jede 2. und 3. fM zusammen abmaschen (= 12 M).
6. Rd: Jeweils 2 fM zusammen abmaschen (= 6 M).
Faden lang abschneiden und durchziehen.
Das 2. Ohr ebenso häkeln.

### Schwänzchen

Eine Lm-Kette von 4 Lm arb, den Faden lang abschneiden und durchziehen. 3 Fäden von 4 cm Länge zurechtschneiden und mit dem Endfaden der Lm-Kette einen doppelten Knoten um diese Fäden herum binden. Die Fäden auf 1 cm Länge kürzen.

### Fertigstellen

Die Ohren und das Schwänzchen zuerst feststecken und dann aufnähen. Die Perlen als Augen aufnähen, den Mund in Schwarz aufsticken. Ober- und Unterteil so an der Kapsel ankleben, dass der Verbindungssteg der Kapsel auf der Rückseite ist. Mit 4 Überwendlingsstichen Ober- und Unterteil über dem Steg zusammennähen. Alle Fäden vernähen.

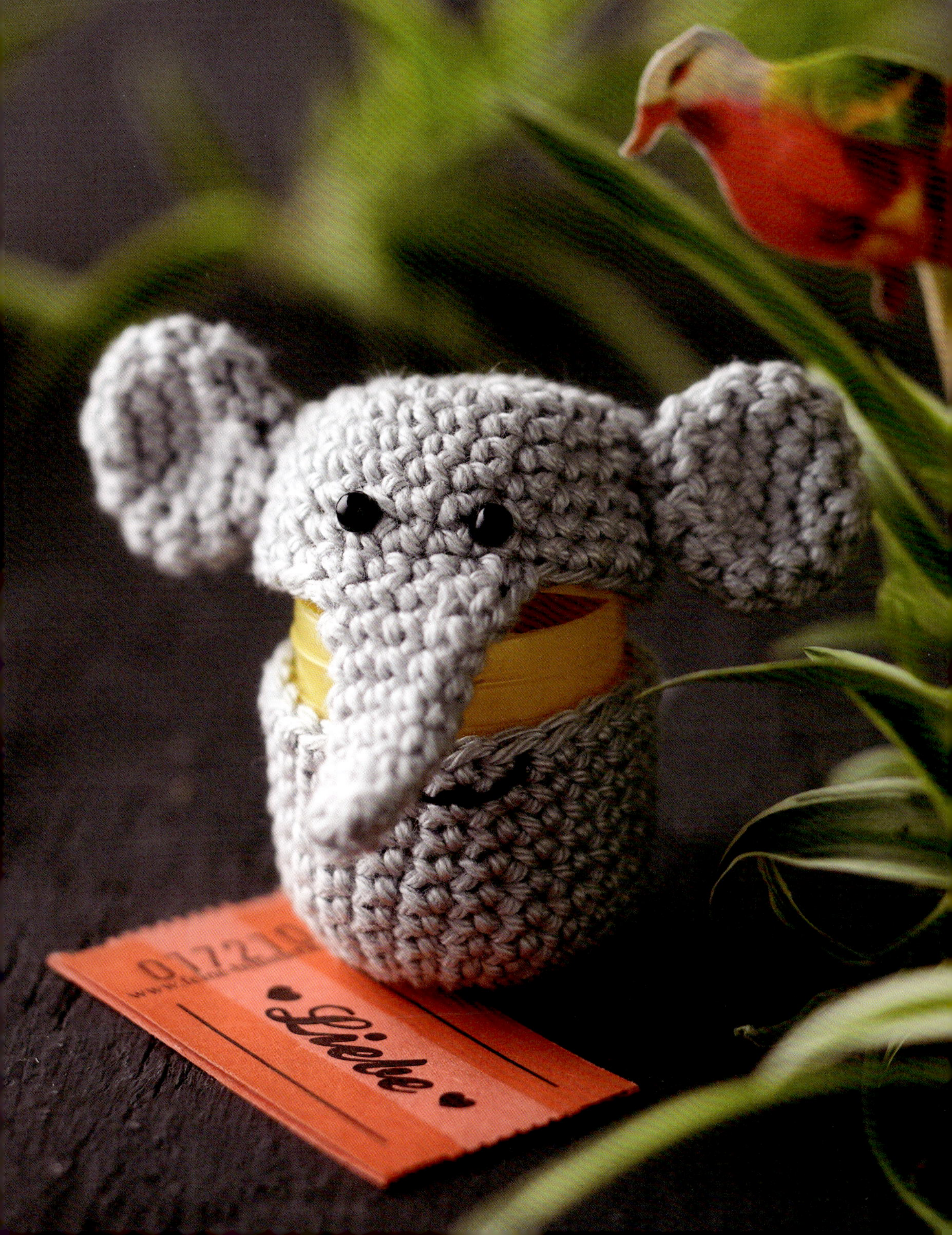
Liebe

# Süße Erdbeere

## Versteck für Kleinigkeiten

**MATERIAL**

- Schachenmayr Catania (LL 125 m/50 g) in Signalrot (Fb 115) und Maigrün (Fb 389), je 50 g, in Gelbgrün (Fb 392), Vanille (Fb 403) und Weiß (Fb 106), Reste
- Häkelnadel 3,0 mm
- Heißkleber

## Anleitung

Alle Teile werden in Spiral-Rd gearbeitet.

### Oberteil

In Signalrot einen Magic-Ring anfertigen.
**1. Rd:** 6 fM in den Ring häkeln (= 6 M).
**2. Rd:** Jede fM verdoppeln (= 12 M).
**3. Rd:** Jede 2. fM verdoppeln (= 18 M).
**4. Rd:** Jede 3. fM verdoppeln (= 24 M).
Für die Punkte in Gelbgrün den Faden auf der Innenseite der Arbeit mitführen. Bei Rd ohne Gelbgrün den Faden stilllegen und in der nächsten Rd wieder aufnehmen. Die M vor dem Fb-Wechsel bereits mit der neuen Fb abmaschen.
**5. Rd:** * 3 fM in Signalrot, 1 fM in Gelbgrün, ab * noch 5x wdh (= 24 M).
**6. Rd (Signalrot):** 24 fM häkeln.
**7. Rd:** * 2 fM in Signalrot, 1 fM in Gelbgrün, 1 fM in Signalrot, ab * noch 5x wdh (= 24 M).
**8. Rd (Signalrot):** 24 fM häkeln.
**9. Rd:** 23 fM häkeln. Mit 1 Km schließen.
Faden abschneiden und durchziehen.

### Unterteil

In Signalrot einen Magic-Ring anfertigen.
**1. Rd:** 6 fM in den Ring häkeln (= 6 M).
**2. Rd:** Jede fM verdoppeln (= 12 M).
**3. Rd:** Jede 2. fM verdoppeln (= 18 M).
**4. Rd:** Jede 3. fM verdoppeln (= 24 M).
Wie beim Oberteil Punkte in Gelbgrün einarb.
**5. Rd:** * 3 fM in Signalrot, 1 fM in Gelbgrün, ab * noch 5x wdh (= 24 M).
**6. Rd (Signalrot):** 24 fM häkeln.
**7. Rd:** * 2 fM in Signalrot, 1 fM in Gelbgrün, 1 fM in Signalrot, ab * noch 5x wdh (= 24 M).
**8. Rd (Signalrot):** 24 fM häkeln.
**9. Rd:** * 1 fM in Signalrot, 1 fM in Gelbgrün, 2 fM in Signalrot, ab * noch 5x wdh (= 24 M).
**10. Rd (Signalrot):** 24 fM häkeln.
**11. Rd:** * 1 fM in Gelbgrün, 3 fM in Signalrot, ab * noch 5x wdh (= 24 M).
**12. Rd (Signalrot):** 23 fM häkeln. Mit 1 Km schließen.
Faden abschneiden und durchziehen.

### Blüte

In Vanille einen Magic-Ring anfertigen.
**1. Rd:** 5 fM in den Ring häkeln. Mit 1 Km schließen (= 5 M).
Faden abschneiden und durchziehen.
**2. Rd (Weiß):** * (1 Km, 3 Lm, 2 DStb, 3 Lm, 1 Km) in 1 M, ab * noch 4x wdh.
Faden lang abschneiden und durchziehen.

### Blätter

In Maigrün einen Magic-Ring anfertigen.
**1. Rd:** 6 fM in den Ring häkeln (= 6 M).
**2. Rd:** Jede fM verdoppeln (= 12 M).
**3. Rd:** * (1 Km, 1 hStb, 1 Stb, 1 DStb, 1 Lm, 1 Km in das DStb) in 1 M, (1 DStb, 1 Stb, 1 hStb, 1 Km) in 1 M, ab * noch 5x wdh (= 48 M).
Faden lang abschneiden und durchziehen.

### Fertigstellen

Blätter und Blüte zuerst feststecken und dann aufnähen. Ober- und Unterteil so an der Kapsel ankleben, dass der Verbindungssteg der Kapsel auf der Rückseite ist. Mit 4 Überwendlingsstichen Ober- und Unterteil über dem Steg zusammennähen. Alle Fäden vernähen.

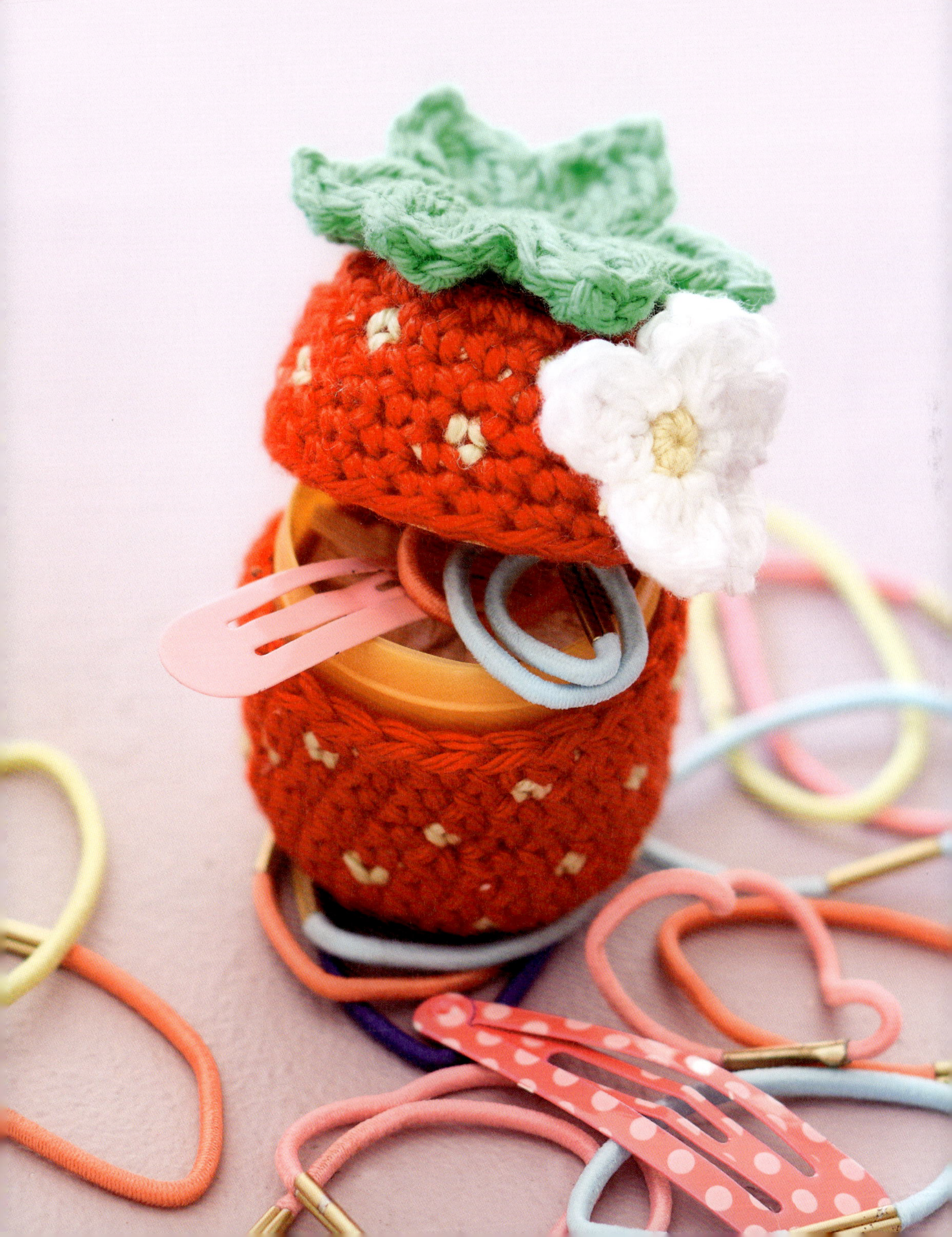

# Geheimnisvolle Eule

Was sie wohl mitbringt?

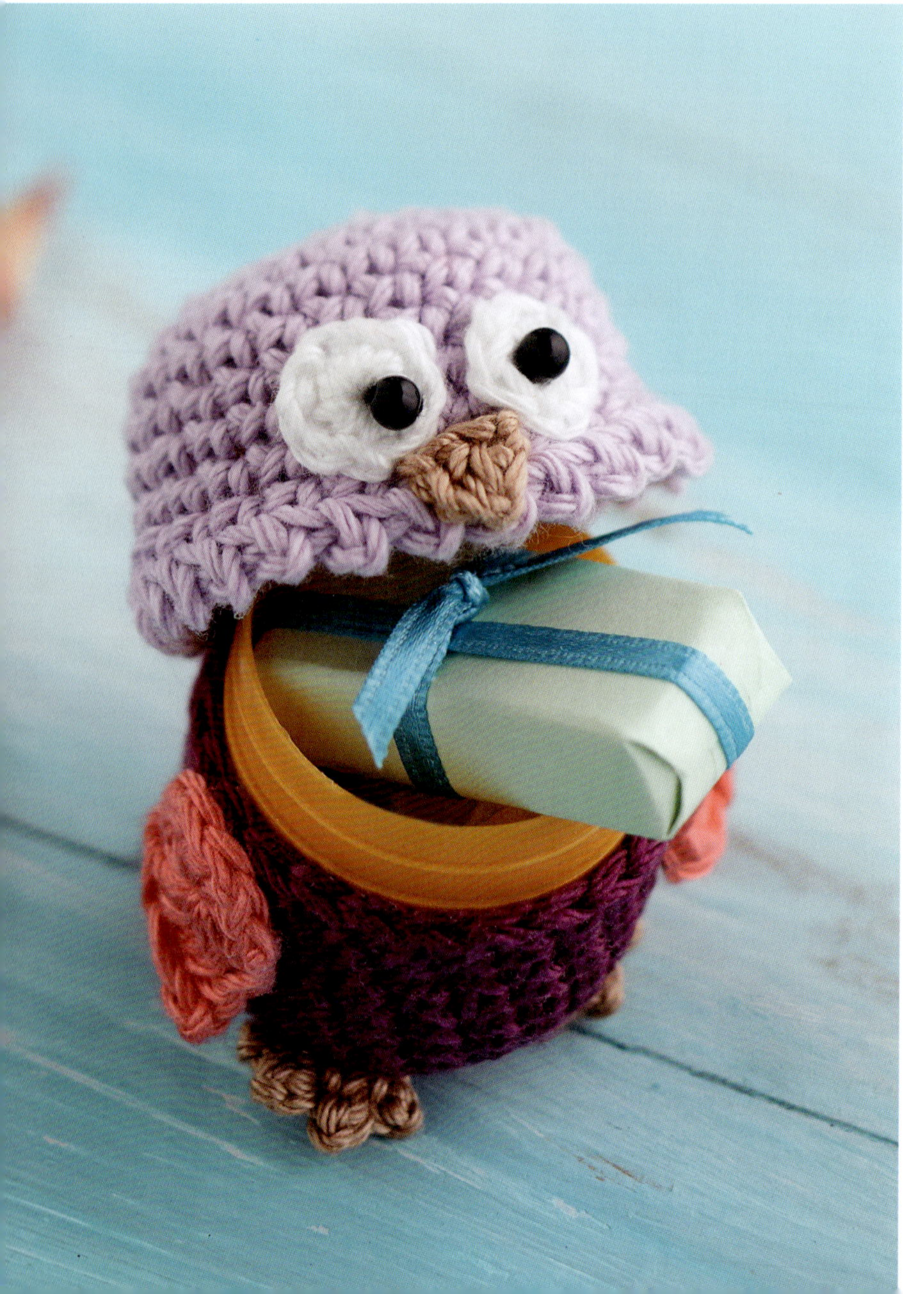

MATERIAL
- Häkelnadel 3,0 mm
- Heißkleber

EULE IN LILA
- Schachenmayr Catania (LL 125 m/50 g) in Fuchsia (Fb 128) und Flieder (Fb 226), je 50 g, in Himbeer (Fb 256), Weiß (Fb 106) und Sun-Kissed (Fb 437), Reste
- 2 Perlen in Schwarz, ø 4 mm

EULE IN BLAU
- Schachenmayr Catania (LL 125 m/50 g) in Türkis (Fb 397) und Ozean (Fb 400), je 50 g, in Kaffee (Fb 162), Gelbgrün (Fb 392) und Weiß (Fb 106), Reste
- 2 Wackelaugen, ø 6 mm

## Anleitung

Alle Teile mit Ausnahme der Füße werden in Spiral-Rd gearbeitet.

### Oberteil

In Flieder bzw. Türkis einen Magic-Ring anfertigen.
**1. Rd:** 6 fM in den Ring häkeln (= 6 M).
**2. Rd:** Jede fM verdoppeln (= 12 M).
**3. Rd:** Jede 2. fM verdoppeln (= 18 M).
**4. Rd:** Jede 3. fM verdoppeln (= 24 M).
**5.-9. Rd:** Jeweils 24 fM häkeln.
**10. Rd:** Für die Zacken * 1 fM, 1 Lm, 1 Km in dieselbe fM, ab * noch 23x wdh (= 24 M).
Faden abschneiden und durchziehen.

### Unterteil

In Fuchsia bzw. Ozean einen Magic-Ring anfertigen.
**1. Rd:** 6 fM in den Ring häkeln (= 6 M).
**2. Rd:** Jede fM verdoppeln (= 12 M).
**3. Rd:** Jede 2. fM verdoppeln (= 18 M).
**4. Rd:** Jede 3. fM verdoppeln (= 24 M).
**5.-11. Rd:** Jeweils 24 fM häkeln.
**12. Rd:** 23 fM häkeln. Mit 1 Km schließen.
Faden abschneiden und durchziehen.

### Schnabel

In Sun-Kissed bzw. Kaffee einen Magic-Ring anfertigen.
**1. Rd:** 2 Lm, 1 hStb, 2 Lm, 1 Km in den Ring häkeln.
Faden lang abschneiden und durchziehen.

### Flügel (2x)

In Himbeer bzw. Gelbgrün einen Magic-Ring anfertigen.
**1. Rd:** 1 Lm, 1 hStb, 2 Stb, 2 DStb, 1 Lm, 1 Km in das 2. DStb, 2 DStb, 2 Stb, 1 hStb in den Ring häkeln. Mit 1 Km schließen.
Faden lang abschneiden und durchziehen.
Den 2. Flügel ebenso häkeln.

### Fuß (2x)

In Sun-Kissed bzw. Kaffee einen Magic-Ring anfertigen. Weiter in R arb.
**1. R:** 3 Lm, 2 hStb (= 3 M).
**2. R:** 1 Lm, 3 fM (= 3 M).
**3. R:** 1 Lm, * 1 fM, 1 Lm, 1 Km in dieselbe fM, ab * noch 2x wdh.
Faden lang abschneiden und durchziehen.
Den 2. Fuß ebenso häkeln.

### Schwänzchen

In Himbeer bzw. Gelbgrün einen Magic-Ring anfertigen.
**1. Rd:** 2 Lm, 3 hStb, * 1 Stb, 1 Lm, 1 Km in dasselbe Stb, ab * noch 3x wdh, 3 hStb. Mit 1 Km in die oberste Lm schließen.
Faden lang abschneiden und durchziehen.

### Auge (2x)

In Weiß einen Magic-Ring anfertigen.
**1. Rd:** 8 fM in den Ring häkeln. Mit 1 Km schließen.
Faden lang abschneiden und durchziehen.
Das 2. Auge ebenso häkeln

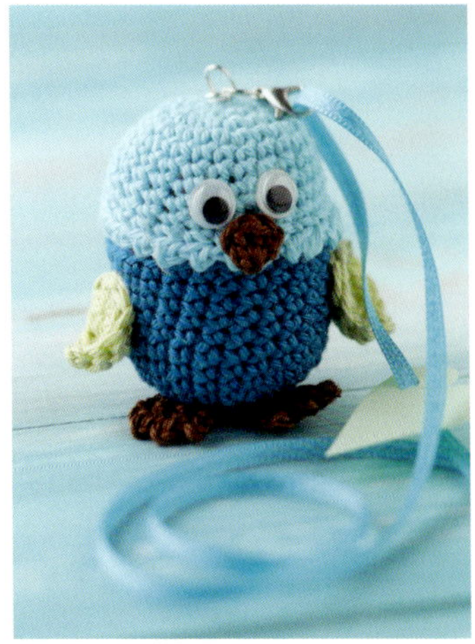

### Fertigstellen

Flügel, Schwänzchen, Schnabel und Füße zuerst feststecken und dann aufnähen. Bei der Eule in Lila die weißen Augen und die Perlen aufnähen. Bei der Eule in Blau die Wackelaugen ankleben. Alle Fäden vernähen.
Ober- und Unterteil so an der Kapsel ankleben, dass der Verbindungssteg der Kapsel auf der Rückseite ist. Mit 4 Überwendlingsstichen Ober- und Unterteil über dem Steg zusammennähen. Alle Fäden vernähen.

### Mein Tipp für Sie

**Aufhängung** Auf dem Umschlag ist beschrieben, wie eine Aufhängung angebracht werden kann.

# Rosa Cupcake

## für süße Botschafen

**MATERIAL**

- Schachenmayr Catania (LL 125 m/50 g) in Rosa (Fb 246), Pink (Fb 225), Weinrot (Fb 192), Sand (Fb 404) und Weiß (Fb 106), je 50 g, in Kaffee (Fb 162), Rest
- Häkelnadel 3,0 mm
- Füllwatte, Rest
- Heißkleber

## Anleitung

Alle Teile werden in Spiral-Rd gearbeitet.

### Unterteil

In Rosa einen Magic-Ring anfertigen.
1. Rd: 6 fM in den Ring häkeln (= 6 M).
2. Rd: Jede fM verdoppeln (= 12 M).
3. Rd: Jede 2. fM verdoppeln (= 18 M).
4. Rd: Jede 3. fM verdoppeln (= 24 M).
5. Rd: 24 Relief-fM von hinten häkeln.
6.-10. Rd: 24 fM in die hinteren M-Glied arb.
11. Rd: * 1 Km, 3 hStb in 1 M, ab * noch 11x wdh. Mit 1 Km schließen (= 48 M).
Faden abschneiden und durchziehen.

### Oberteil

In Sand einen Magic-Ring anfertigen.
1. Rd: 6 fM in den Ring häkeln (= 6 M).
2. Rd: Jede fM verdoppeln (= 12 M).
3. Rd: Jede 2. fM verdoppeln (= 18 M).
4. Rd: Jede 3. fM verdoppeln (= 24 M).
5.-8. Rd: Jeweils 24 fM häkeln.
9. Rd: 23 fM häkeln. Mit 1 Km schließen.
Faden lang abschneiden und durchziehen.

### Guss

In Pink einen Magic-Ring anfertigen.
1. Rd: 6 fM in den Ring häkeln (= 6 M).
2. Rd: Jede fM verdoppeln (= 12 M).
3. Rd: Jede 2. fM verdoppeln (= 18 M).
4. Rd: Jede 3. fM verdoppeln (= 24 M).
5. Rd: 24 fM häkeln.
6. Rd: 1 fM, (1 hStb, 1 Stb) in 1 M, (1 Stb, 1 hStb) in 1 M, 2 fM, (3 Lm, 2 hStb in die 2. Lm von der Nd aus, 1 fM in die 3. Lm), 1 fM, (1 hStb, 1 Stb, 1 hStb) in 1 M, 1 fM, (4 Lm: auf diese Lm-Kette 3 fM), 2 fM, (5 Lm: auf diese Lm-Kette 1 fM, 2 hStb, 1 fM), (1 hStb, 1 Stb) in 1 M, (1 Stb, 1 hStb) in 1 M, 1 fM, (4 Lm: auf diese Lm-Kette 3 fM), 1 fM, (3 Lm: auf diese Lm-Kette 2 hStb), 2 fM, 1 hStb, 2 Stb, 1 hStb, 1 fM, (4 Lm: auf diese Lm-Kette 3 fM), 3 fM, (3 Lm, 2 hStb in die 2. Lm von der Nd aus, 1 fM in die 3. Lm). Mit 1 Km schließen.
Faden lang abschneiden und durchziehen.

### Sahne

In Weiß einen Magic-Ring anfertigen.
1. Rd: 30 Stb in den Ring häkeln. Mit 1 Km schließen.
Den Ring fest zusammenziehen. Faden lang abschneiden und durchziehen.

### Kirsche

In Weinrot einen Magic-Ring anfertigen.
1. Rd: 6 fM in den Ring häkeln (= 6 M).
2. Rd: Jede 2. fM verdoppeln (= 9 M).
3.+4. Rd: Jeweils 9 fM häkeln.
Mit etwas Füllwatte ausstopfen.
5. Rd: * 1 fM, 2 fM zusammen abmaschen, ab * noch 2x wdh (= 6 M).
Faden lang abschneiden und durchziehen.

### Fertigstellen

Für den Stiel der Kirsche einen Knoten in einen Faden in Kaffee machen und von unten durch die Kirsche ziehen und abschneiden. Den Guss auf das Oberteil, die Sahne auf den Guss und die Kirsche auf die Sahne nähen. Ober- und Unterteil so an der Kapsel ankleben, dass der Verbindungssteg der Kapsel auf der Rückseite ist. Mit 4 Überwendlingsstichen Ober- und Unterteil über dem Steg zusammennähen. Alle Fäden vernähen.

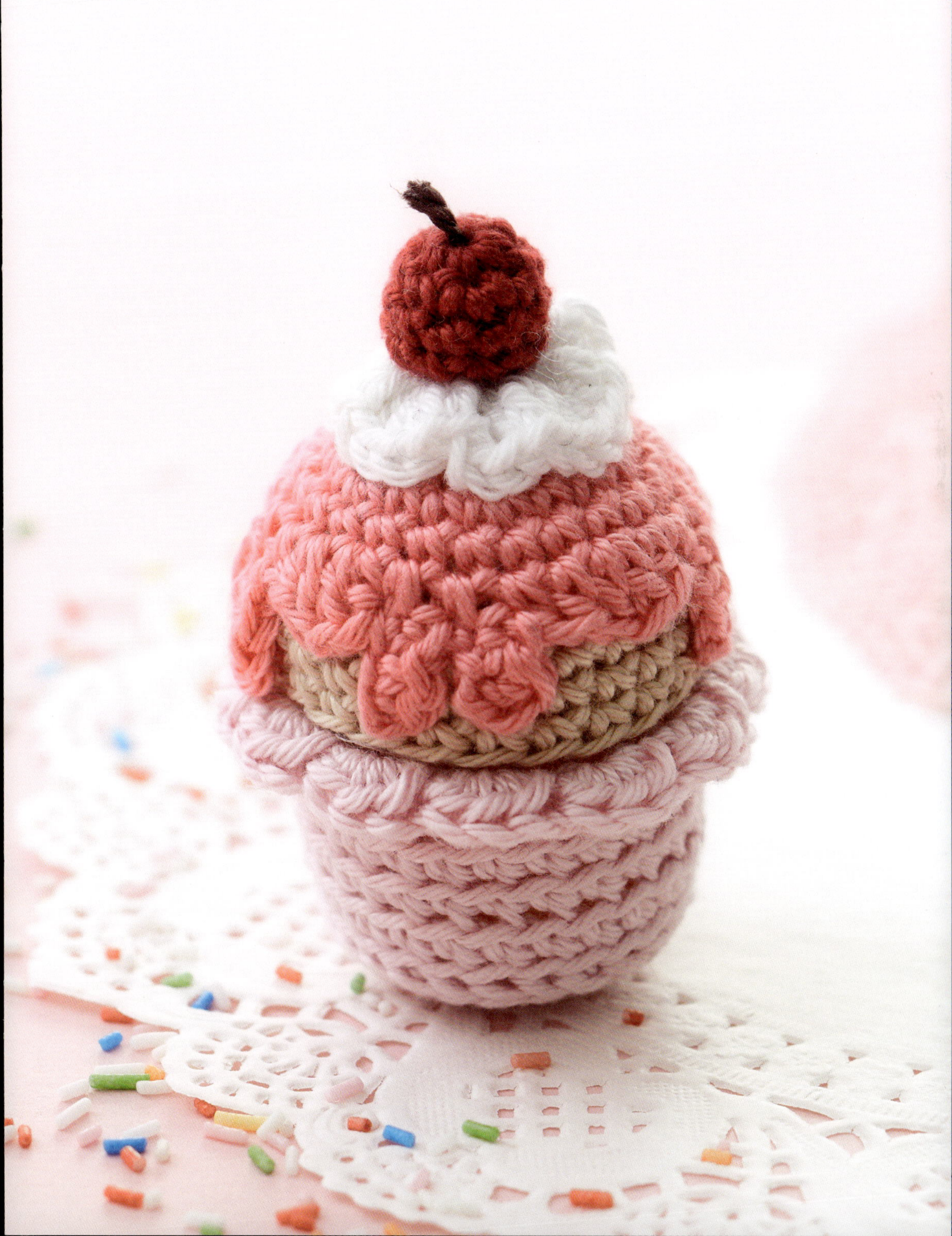

# Lieber Blumengruß

## perfektes Geburtstagsgeschenk

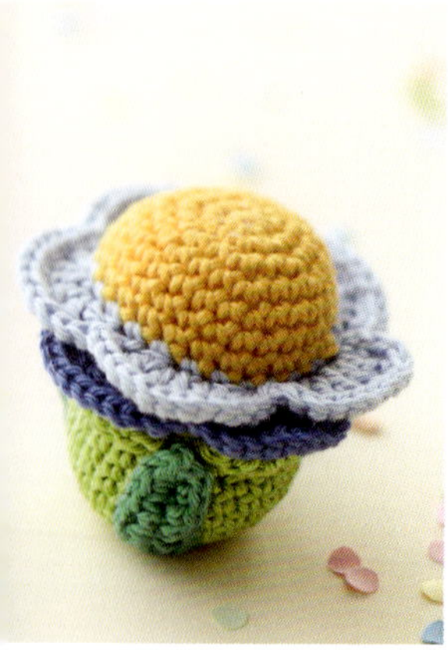

MATERIAL

- Schachenmayr Catania (LL 125 m/50 g) in Greenery (Fb 418), Sonne (Fb 208), Hellblau (Fb 173), Regatta (Fb 261) und Golfgrün (Fb 241), je 50 g
- Häkelnadel 3,0 mm
- Heißkleber

## Anleitung

Alle Teile werden in Spiral-Rd gearbeitet.

### Oberteil

In Sonne einen Magic-Ring anfertigen.
**1. Rd:** 6 fM in den Ring häkeln (= 6 M).
**2. Rd:** Jede fM verdoppeln (= 12 M).
**3. Rd:** Jede 2. fM verdoppeln (= 18 M).
**4. Rd:** Jede 3. fM verdoppeln (= 24 M).
**5.-7. Rd:** Jeweils 24 fM häkeln.
Faden abschneiden und durchziehen.
**8. Rd (Hellblau):** 23 fM, 1 fM verdoppeln (= 25 M).
**9. Rd:** In die vorderen M-Glied arb: * 1 Km, 1 M überspringen, 3 Stb in 1 M, 3 Stb in 1 M, 1 M überspringen, ab * noch 4x wdh (= 35 M).
**10. Rd:** * 1 Km, 6 fM, ab * noch 4 x wdh.
Faden abschneiden und durchziehen.
In Regatta in der 1. M der 8. Rd im hinteren M-Glied anschlingen.
**11.+12. Rd (Regatta):** Die 9. und 10. Rd wdh, dabei die 9. Rd in die hinteren M-Glieder der 8. Rd arb.
Faden abschneiden und durchziehen.

### Unterteil

In Greenery einen Magic-Ring anfertigen.
**1. Rd:** 6 fM in den Ring häkeln (= 6 M).
**2. Rd:** Jede fM verdoppeln (= 12 M).
**3. Rd:** Jede 2. fM verdoppeln (= 18 M).
**4. Rd:** Jede 3. fM verdoppeln (= 24 M).
**5.-11. Rd:** Jeweils 24 fM häkeln.
**12. Rd:** 23 fM häkeln. Mit 1 Km schließen.
**13. Rd:** * 1 M überspringen, 5 Stb in 1 M, 1 M überspringen, 1 Km, ab * noch 5x wdh (= 36 M).
Faden abschneiden und durchziehen.

### Blatt (3x)

In Golfgrün 7 Lm anschl. Dann die Lm-Kette von beiden Seiten behäkeln.
**1. Rd:** 5 fM, (2 fM , 1 Lm, 1 Km in die letzte fM, 2 fM) in 1 M, 5 fM auf die Unterseite der Lm-Kette. Mit 1 Km schließen.
Faden lang abschneiden und durchziehen.
Noch 2 weitere Blätter ebenso häkeln.

### Fertigstellen

Die Blätter zuerst aufstecken und dann annähen. Ober- und Unterteil so an der Kapsel ankleben, dass der Verbindungssteg der Kapsel auf der Rückseite ist. Mit 4 Überwendlingsstichen Ober- und Unterteil über dem Steg zusammennähen. Alle Fäden vernähen.

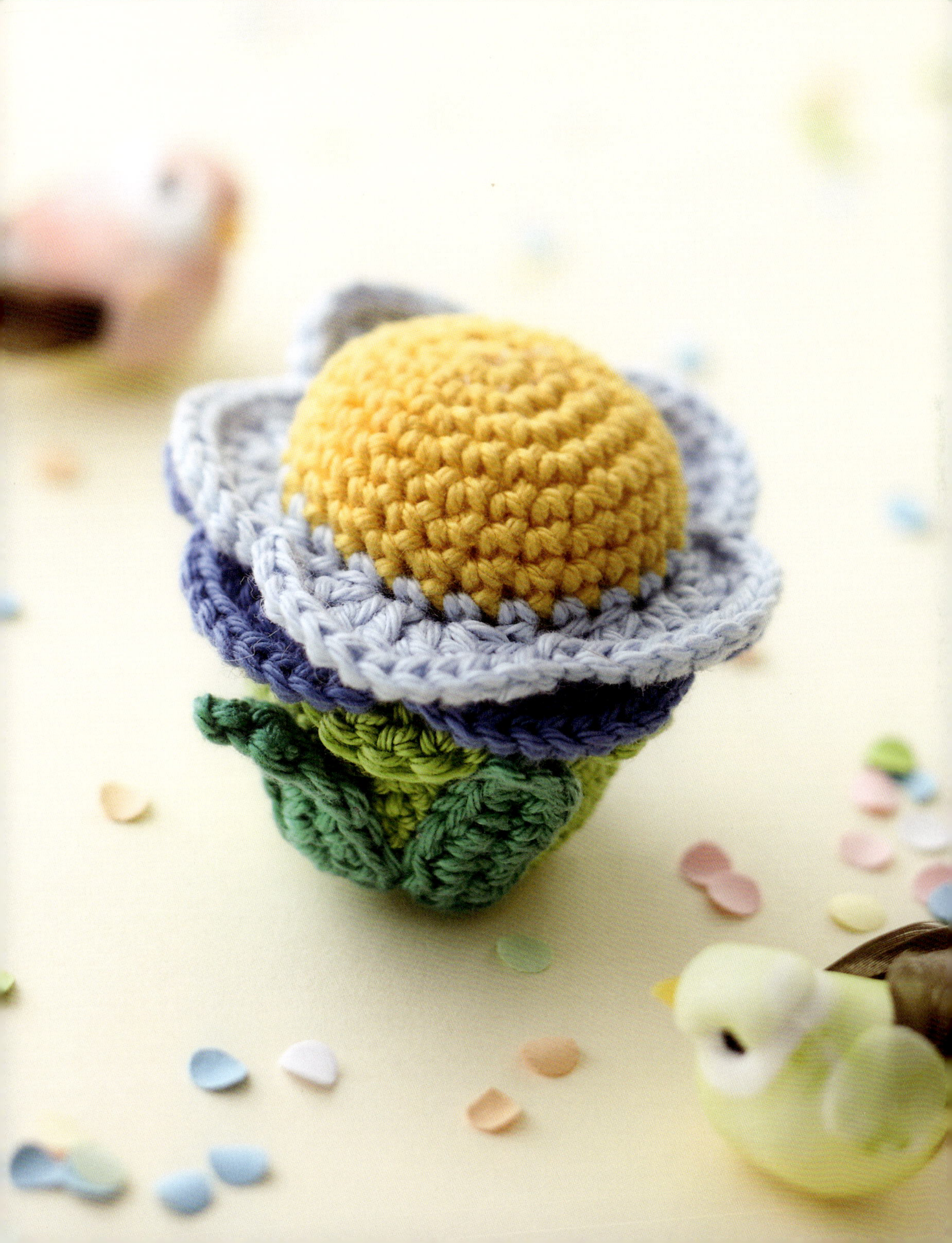

# Kuschelweiches Schäfchen

muss man einfach liebhaben

**MATERIAL**

- Schachenmayr Catania (LL 125 m/50 g) in Natur (Fb 105), 50 g, in Sun-Kissed (Fb 437), Rest
- Häkelnadel 3,0 mm
- 2 Perlen in Schwarz, ø 4 mm
- Stickgarn in Schwarz
- Heißkleber

### Büschelmaschen

3 Stb in 1 M arb und zusammen abmaschen.

## Anleitung

Alle Teile werden in Spiral-Rd gearbeitet.

### Oberteil

In Natur einen Magic-Ring anfertigen.
**1. Rd:** 6 fM in den Ring häkeln (= 6 M).
**2. Rd:** * (1 Büschel-M, 1 fM) in 1 M, ab * noch 5x wdh (= 12 M).
**3. Rd:** fM häkeln, dabei jede 2. M verdoppeln (= 18 M).
**4. Rd:** * 1 Büschel-M, 1 fM, 1 fM verdoppeln, ab * noch 5x wdh (= 24 M).
**5. Rd:** 24 fM häkeln.
**6. Rd:** * 1 Büschel-M, 1 fM, ab * noch 11x wdh (= 24 M).
**7. Rd:** 24 fM häkeln.
**8. Rd:** Wie die 6. Rd häkeln.
Faden abschneiden und durchziehen.

### Unterteil

In Natur einen Magic-Ring anfertigen.
**1. Rd:** 6 fM in den Ring häkeln (= 6 M).
**2. Rd:** Jede fM verdoppeln (= 12 M).
**3. Rd:** Jede 2. fM verdoppeln (= 18 M).
**4. Rd:** Jede 3. fM verdoppeln (= 24 M).
**5. Rd:** * 1 Büschel-M, 1 fM, ab * noch 11x wdh (= 24 M).
**6. Rd:** 24 fM häkeln.
**7. Rd:** Wie die 5. Rd häkeln.
**8. Rd:** 24 fM häkeln.
**9. Rd:** Wie die 5. Rd häkeln.
**10. Rd:** 23 fM häkeln. Mit 1 Km schließen.
Faden abschneiden und durchziehen.

### Gesicht

In Sun-Kissed 6 Lm anschl. Dann die Lm-Kette von beiden Seiten behäkeln.
**1. Rd:** 4 hStb, 5 hStb in 1 M, 4 hStb, 5 hStb in 1 M (= 18 M).
**2. Rd:** 6 fM häkeln. Mit 1 Km schließen. Die restlichen M bleiben unbehäkelt.
Faden abschneiden und durchziehen.

### Ohr (2x)

In Sun-Kissed 4 Lm anschl. Dann die Lm-Kette von beiden Seiten behäkeln.
**1. Rd:** 2 fM, (1 hStb, 3 Stb, 1 hStb) in 1 M, 2 fM (= 9 M).
Faden abschneiden und durchziehen.
Das 2. Ohr ebenso häkeln.

### Fertigstellen

Gesicht und Ohren zuerst feststecken und dann aufnähen. Die Perlen als Augen aufnähen, den Mund in Schwarz aufsticken. Ober- und Unterteil so an der Kapsel ankleben, dass der Verbindungssteg der Kapsel auf der Rückseite ist. Mit 4 Überwendlingsstichen Ober- und Unterteil über dem Steg zusammennähen. Alle Fäden vernähen.

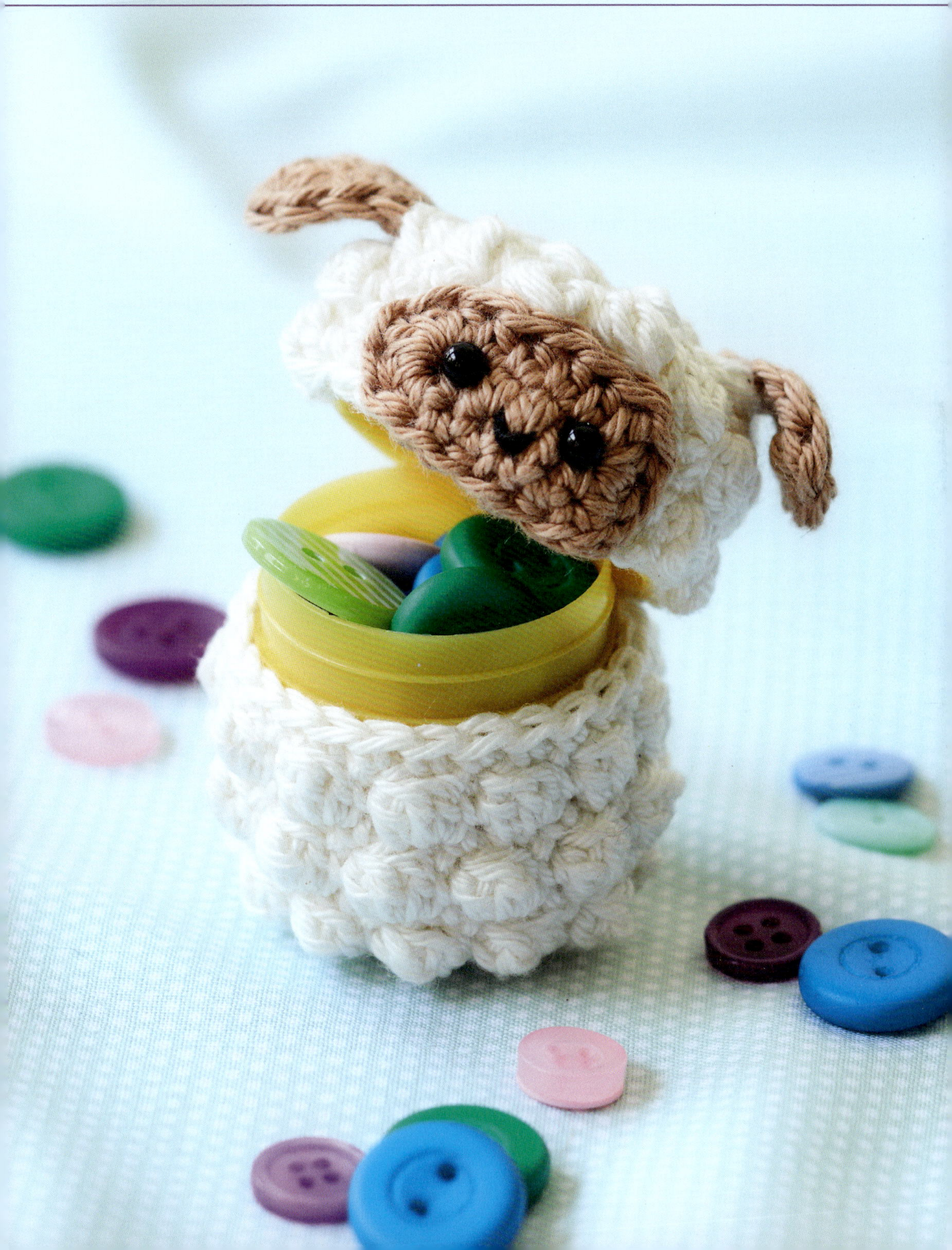

# Magisches Einhorn

## für die Extra Portion Glitzer

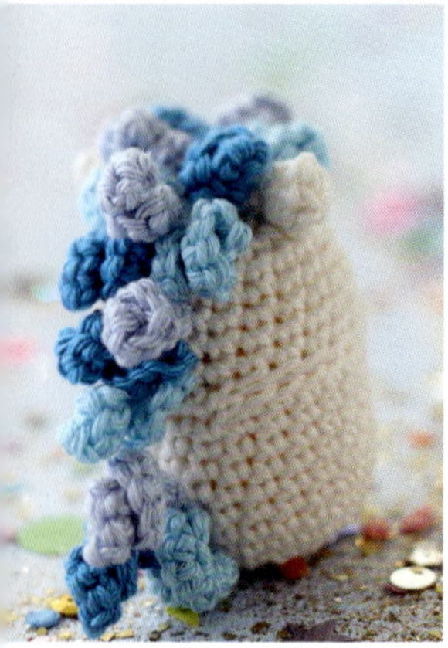

**MATERIAL**

- Schachenmayr Catania (LL 125 m/50 g) in Natur (Fb 105), 50 g, in Türkis (Fb 397), Hellblau (Fb 173) und Pfau (Fb 146), Reste
- Häkelnadel 3,0 mm
- 2 Perlen in Schwarz, ø 4 mm
- Stickgarn in Schwarz
- Heißkleber

## Anleitung

Alle Teile mit Ausnahme des Schweifs und der Mähne werden in Spiral-Rd gearbeitet.

### Oberteil

In Natur einen Magic-Ring anfertigen.
1. Rd: 6 fM in den Ring häkeln (= 6 M).
2. Rd: Jede fM verdoppeln (= 12 M).
3. Rd: Jede 2. fM verdoppeln (= 18 M).
4. Rd: Jede 3. fM verdoppeln (= 24 M).
5.-8. Rd: Jeweils 24 fM häkeln.
9. Rd: 23 fM häkeln. Mit 1 Km schließen.
Faden abschneiden und durchziehen.

### Unterteil

In Natur einen Magic-Ring anfertigen.
1. Rd: 6 fM in den Ring häkeln (= 6 M).
2. Rd: Jede fM verdoppeln (= 12 M).
3. Rd: Jede 2. fM verdoppeln (= 18 M).
4. Rd: Jede 3. fM verdoppeln (= 24 M).
5.-11. Rd: Jeweils 24 fM häkeln.
12. Rd: 23 fM häkeln. Mit 1 Km schließen.
Faden abschneiden und durchziehen.

### Nase

In Türkis einen Magic-Ring anfertigen.
1. Rd: 2 fM, 3 hStb, 2 fM, 3 hStb in den Ring häkeln. Mit 1 Km schließen.
Faden lang abschneiden und durchziehen.

### Ohr (2x)

In Natur einen Magic-Ring anfertigen.
1. Rd: 2 hStb, 1 Stb, 1 Lm, 1 Km in das Stb, 1 Stb, 2 hStb in den Ring häkeln. Mit 1 Km schließen.
Faden lang abschneiden und durchziehen.
Das 2. Ohr ebenso häkeln.

### Horn

In Natur einen Magic-Ring anfertigen.
1. Rd: 6 fM in den Ring häkeln (= 6 M).
2. Rd: 6 fM in die hinteren M-Glieder häkeln.
3. Rd: Jede 2. und 3. fM zusammen abmaschen (= 4 M).
Faden lang abschneiden und durchziehen.

### Schweif (3x)

In Pfau 10 Lm anschl. Ab der 2. Lm von der Nd aus in jede Lm 2 fM arb.
Faden lang abschneiden und durchziehen.
Noch 2 weitere Schweif-Stränge in Hellblau und Türkis ebenso häkeln.

### Mähne (12x)

In Hellblau auf der Mitte der Stirn mit 1 Km anschlingen. 8 Lm anschl. Ab der 2. Lm von der Nd aus in jede Lm 2 fM arb. Faden abschneiden und durchziehen.
Von der Stirn Richtung Nacken noch 11 weitere Mähnen-Stränge (3x Hellblau, 4x Türkis, 4x Pfau) ebenso anhäkeln, so dass eine Mähne entsteht.

### Fertigstellen

Horn, Ohren, Nase und Schweif zuerst feststecken und dann aufnähen. Die Perlen als Augen aufnähen. Den Mund in Schwarz aufsticken. Ober- und Unterteil so an der Kapsel ankleben, dass der Verbindungssteg der Kapsel auf der Rückseite ist. Mit 4 Überwendlingsstichen Ober- und Unterteil über dem Steg zusammennähen. Alle Fäden vernähen.

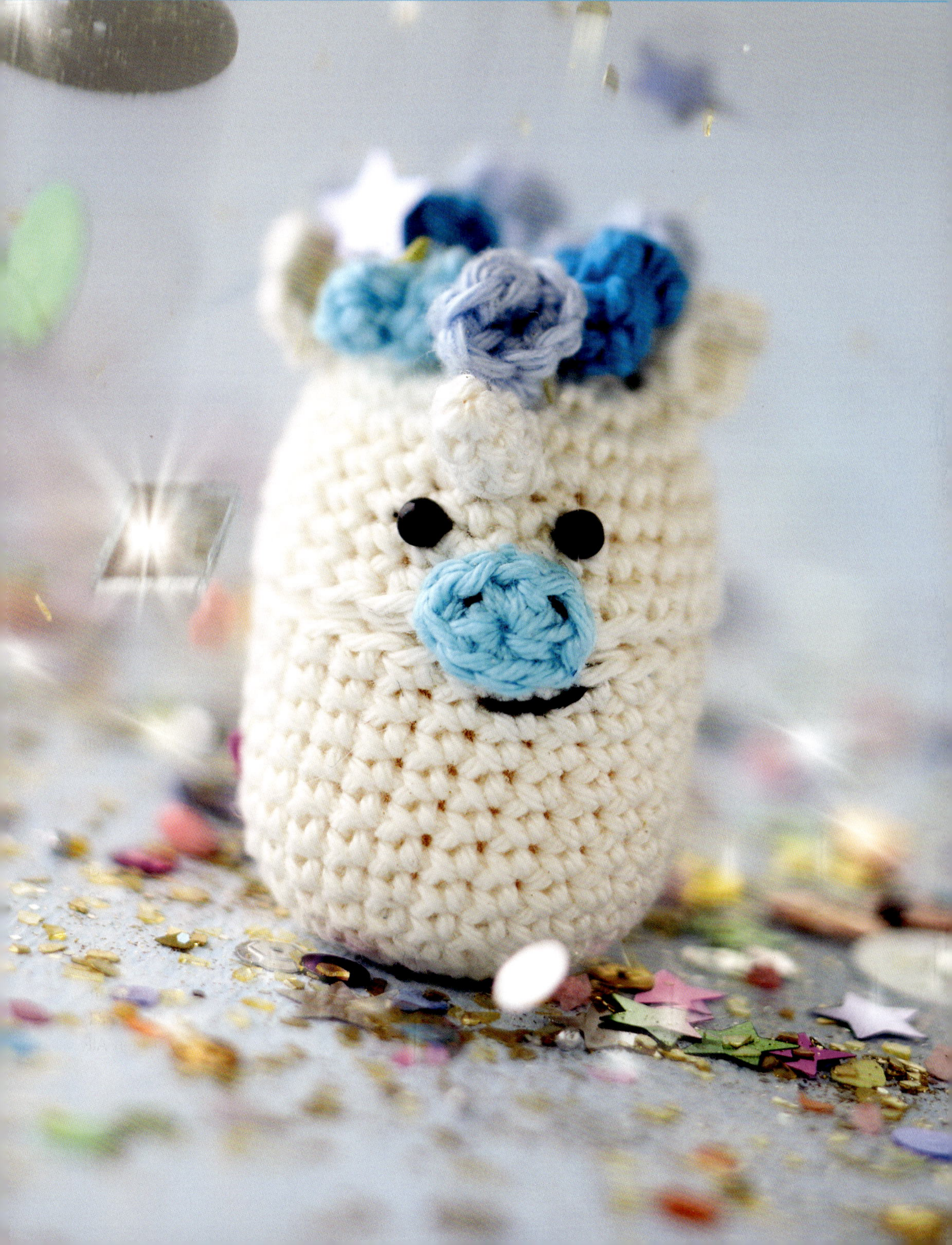

# Witziger Roboter

für Technik-Freaks

**MATERIAL**

- Schachenmayr Catania (LL 125 m/50 g) in Silber (Fb 172), 50 g, in Weiß (Fb 106), Signalrot (Fb 115), Regatta (Fb 261) und Schwarz (Fb 110), Reste
- Häkelnadel 3,0 mm
- 2 Perlen in Schwarz, ø 4 mm
- Heißkleber

## Anleitung

Alle Teile werden in Spiral-Rd gearbeitet.

### Oberteil

In Silber einen Magic-Ring anfertigen.
**1. Rd:** 6 fM in den Ring häkeln (= 6 M).
**2. Rd:** Jede fM verdoppeln (= 12 M).
**3. Rd:** Jede 2. fM verdoppeln (= 18 M).
**4. Rd:** Jede 3. fM verdoppeln (= 24 M).
**5.-8. Rd:** Jeweils 24 fM häkeln.
**9. Rd:** 23 fM häkeln. Mit 1 Km schließen.
Faden abschneiden und durchziehen.

### Unterteil

In Silber einen Magic-Ring anfertigen.
**1. Rd:** 6 fM in den Ring häkeln (= 6 M).
**2. Rd:** Jede fM verdoppeln (= 12 M).
**3. Rd:** Jede 2. fM verdoppeln (= 18 M).
**4. Rd:** Jede 3. fM verdoppeln (= 24 M).
**5.-10. Rd:** Jeweils 24 fM häkeln.
Faden abschneiden und durchziehen.
**11. Rd (Regatta):** 24 fM häkeln.
Faden abschneiden und durchziehen.
**12. Rd (Weiß):** 23 fM häkeln. Mit 1 Km schließen.
Faden abschneiden und durchziehen.

### Auge

In Weiß 5 Lm anschl und die Lm-Kette von beiden Seiten behäkeln.
**1. Rd:** 3 fM, 3 fM in 1 M, 3 fM, 3 fM in 1 M (= 12 M).
Faden abschneiden und durchziehen.
**2. Rd (Schwarz):** 12 fM in die hinteren M-Glieder arb. Mit 1 Km schließen.
Faden lang abschneiden und durchziehen.

### Antenne

In Silber einen Magic-Ring anfertigen.
**1. Rd:** 4 fM in den Ring häkeln (= 4 M).
**2. Rd:** Jede 2. fM verdoppeln (= 6 M).
**3.+4. Rd:** 6 fM häkeln.
Faden lang abschneiden und durchziehen.

### Fertigstellen

Das Auge und die Antenne zuerst feststecken und dann aufnähen. Die Perlen als Augen aufnähen. Mit geteiltem Garn in Signalrot und Schwarz Knöpfe und Schalter auf den Bauch sticken. Ober- und Unterteil so an der Kapsel ankleben, dass der Verbindungssteg der Kapsel auf der Rückseite ist. Mit 4 Überwendlingsstichen Ober- und Unterteil über dem Steg zusammennähen. Alle Fäden vernähen.

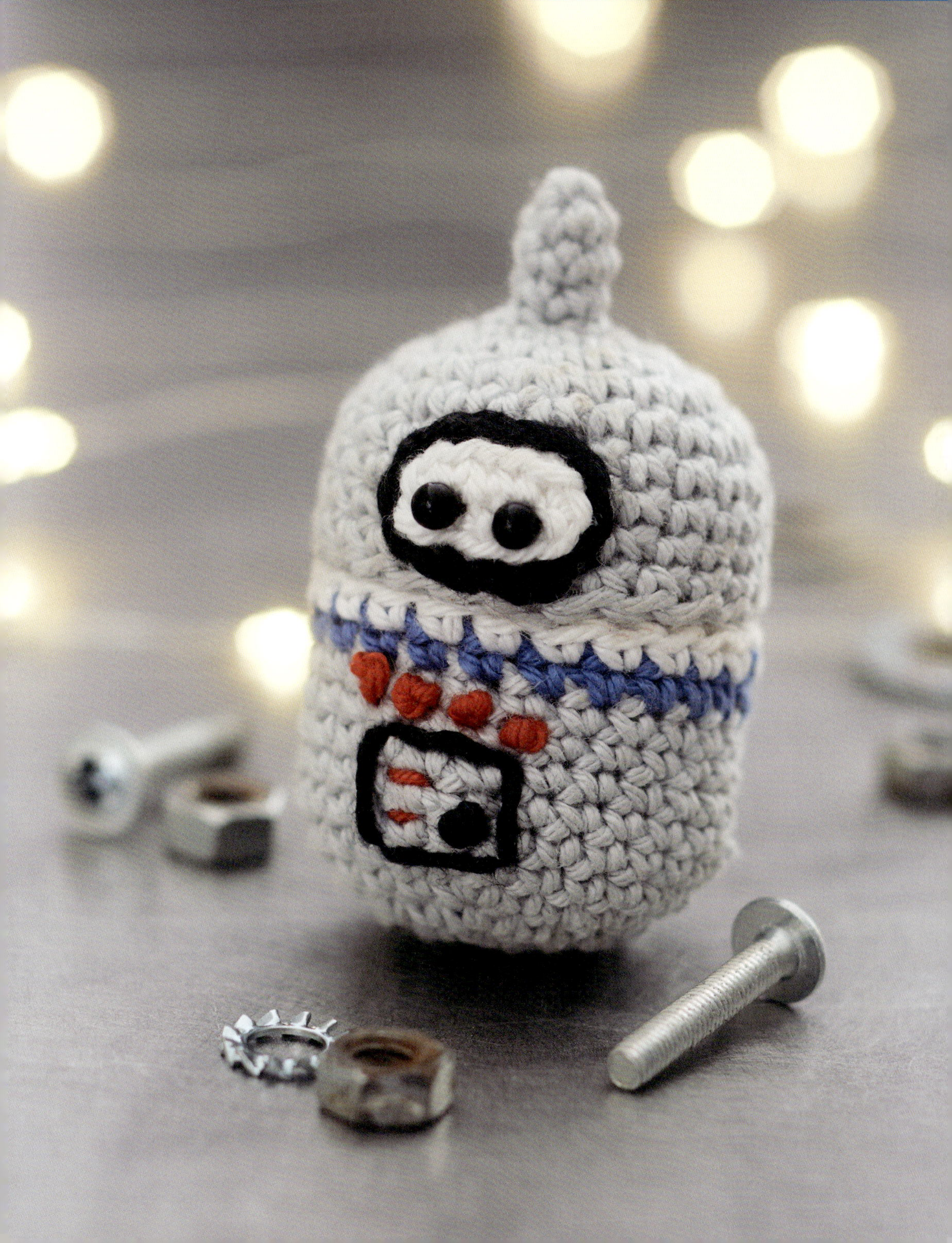

# Frecher Geld-Fuchs

bringt Scheine mit

## Anleitung

Alle Teile werden in Spiral-Rd gearbeitet.

### Oberteil

In Jaffa einen Magic-Ring anfertigen.
**1. Rd:** 6 fM in den Ring häkeln (= 6 M).
**2. Rd:** Jede fM verdoppeln (= 12 M).
**3. Rd:** Jede 2. fM verdoppeln (= 18 M).
**4. Rd:** Jede 3. fM verdoppeln (= 24 M).
**5.-8. Rd:** Jeweils 24 fM häkeln.
**9. Rd:** 23 fM häkeln. Mit 1 Km schließen.
Faden abschneiden und durchziehen.

### Unterteil

In Jaffa einen Magic-Ring anfertigen.
**1. Rd:** 6 fM in den Ring häkeln (= 6 M).
**2. Rd:** Jede fM verdoppeln (= 12 M).
**3. Rd:** Jede 2. fM verdoppeln (= 18 M).
**4. Rd:** Jede 3. fM verdoppeln (= 24 M).
**5.-11. Rd:** Jeweils 24 fM häkeln.

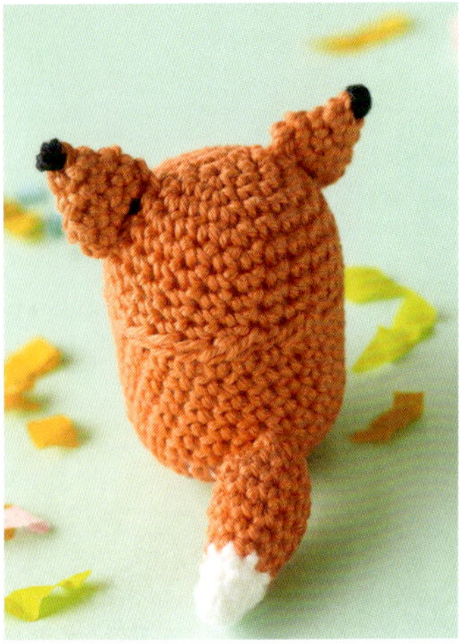

**12. Rd:** 23 fM häkeln. Mit 1 Km schließen.
Faden abschneiden und durchziehen.

### Bauch

In Weiß einen Magic-Ring anfertigen.
**1. Rd:** 6 fM in den Ring häkeln (= 6 M).
**2. Rd:** * 2 fM, (1 hStb, 1 Stb) in 1 M, (1 Stb, 1 hStb) in 1 M, ab * noch 1x wdh. Mit 1 Km schließen (= 12 M).
Faden lang abschneiden und durchziehen.

### Bäckchen (2x)

In Weiß einen Magic-Ring anfertigen.
**1. Rd:** 2 Lm, 5 hStb in den Ring häkeln und so zusammenschieben, dass ein Halbkreis entsteht.
Faden lang abschneiden und durchziehen.
Das 2. Bäckchen ebenso häkeln.

### Ohr (2x)

In Jaffa 10 Lm anschl und mit 1 Km zum Ring schließen.
**1. Rd:** 10 fM häkeln (= 10 M).
**2. Rd:** Jede 4. und 5. fM zusammen abmaschen (= 8 M).
**3. Rd:** Jede 3. und 4. fM zusammen abmaschen (= 6 M).
**4. Rd:** Jede 2. und 3. fM zusammen abmaschen (= 4 M).
Faden lang abschneiden, durchziehen, in eine Nd fädeln und damit die letzten 4 M zusammenziehen.
Das 2. Ohr ebenso häkeln.

### Schwanz

In Weiß einen Magic-Ring anfertigen.
**1. Rd:** 4 fM in den Ring häkeln (= 4 M).
**2. Rd:** Jede 2. fM verdoppeln (= 6 M).
**3. Rd:** Jede 3. fM verdoppeln (= 8 M).
Faden abschneiden und durchziehen.
**4. Rd (Jaffa):** 8 fM häkeln.
**5. Rd:** Jede 4. fM verdoppeln (= 10 M).
**6. Rd:** Jede 5. fM verdoppeln (= 12 M).
**7.+8. Rd:** Jeweils 12 fM häkeln.
Den Schwanz mit Füllwatte leicht ausstopfen.
**9. Rd:** Jede 3. und 4. fM zusammen abmaschen (= 9 M).
**10. Rd:** Jede 2. und 3. fM zusammen abmaschen (= 6 M).
Faden lang abschneiden und durchziehen.

### Fertigstellen

Ohren, Schwanz, Bäckchen und Bauch zuerst feststecken und dann aufnähen. Die Perlen als Augen aufnähen. Nase, Mund und Ohrenspitzen in Schwarz aufsticken. Ober- und Unterteil so an der Kapsel ankleben, dass der Verbindungssteg der Kapsel auf der Rückseite ist. Mit 4 Überwendlingsstichen Ober- und Unterteil über dem Steg zusammennähen. Alle Fäden vernähen.

**MATERIAL**

- Schachenmayr Catania (LL 125 m/50 g) in Jaffa (Fb 189), 50 g, in Weiß (Fb 106)
- Häkelnadel 3,0 mm
- Füllwatte, Rest
- 2 Perlen in Schwarz, ø 4 mm
- Stickgarn in Schwarz, Rest
- Heißkleber

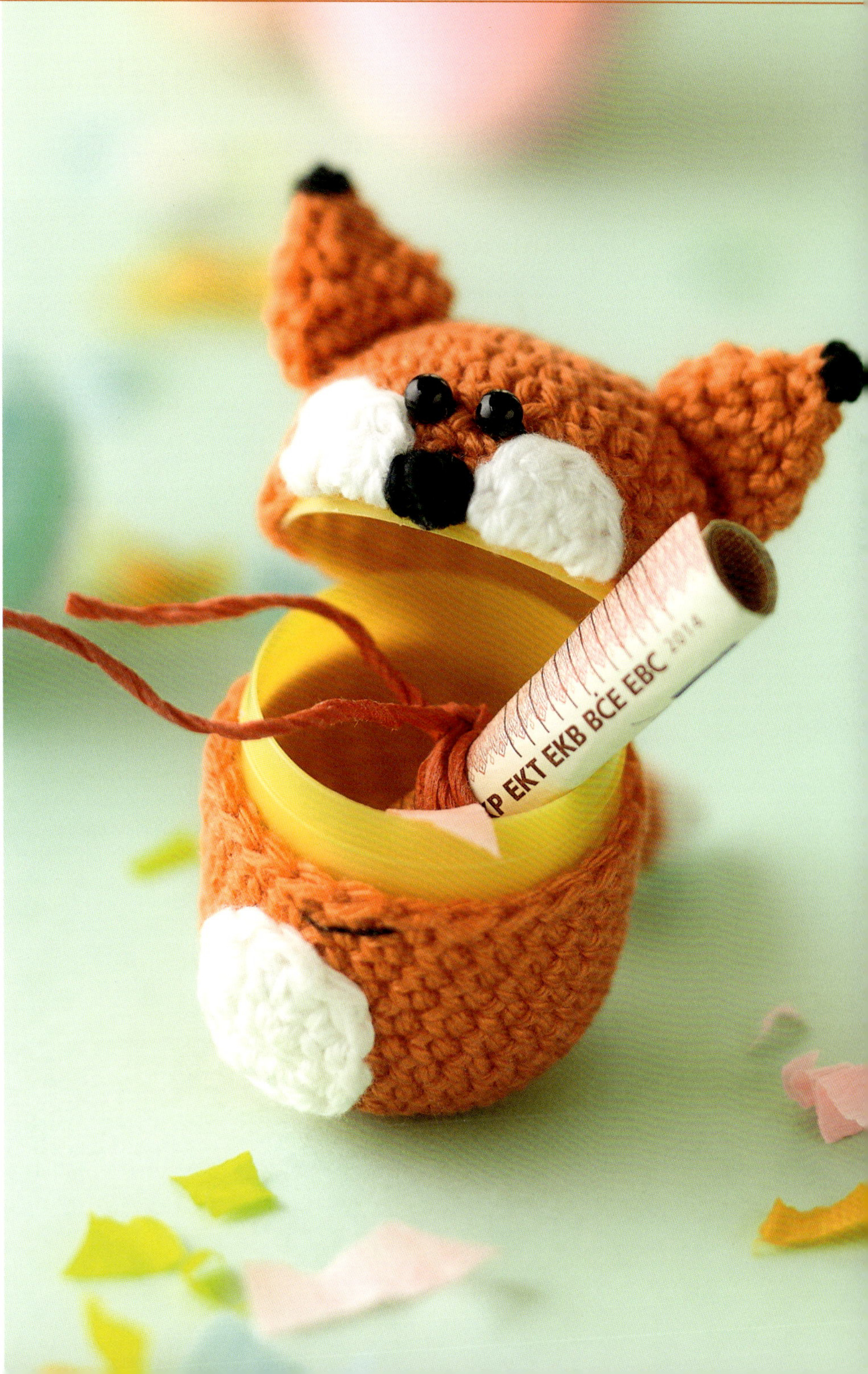

# Klassischer Glückspilz

ideal für Geburtstage und Neujahr

**MATERIAL**

- Schachenmayr Catania (LL 125 m/50 g) in Signalrot (Fb 115) und Weiß (Fb 106), je 50 g, in Maigrün (Fb 389), Rest
- Häkelnadel 3,0 mm
- Heißkleber

## Anleitung

Alle Teile werden in Spiral-Rd gearbeitet.

### Oberteil

In Signalrot einen Magic-Ring anfertigen.
**1. Rd:** 6 fM in den Ring häkeln (= 6 M).
**2. Rd:** Jede fM verdoppeln (= 12 M).
**3. Rd:** Jede 2. fM verdoppeln (= 18 M).
**4. Rd:** Jede 3. fM verdoppeln (= 24 M).
**5. Rd:** Jede 4. fM verdoppeln (= 30 M).
**6.-9. Rd:** Jeweils 30 fM häkeln.
**10. Rd:** 30 Relief-fM von hinten häkeln.
**11. Rd:** Jede 4. und 5. fM zusammen abmaschen (= 24 M).
Faden abschneiden und durchziehen.

### Unterteil

In Maigrün einen Magic-Ring anfertigen.
**1. Rd:** 6 fM in den Ring häkeln (= 6 M).
**2. Rd:** Jede fM verdoppeln (= 12 M).
**3. Rd:** Jede 2. fM verdoppeln (= 18 M).
**4. Rd:** Jede 3. fM verdoppeln (= 24 M).
**5. Rd:** 23 fM häkeln. Mit 1 Km schließen.
Faden lang abschneiden, er wird zum Aufsticken der Grashalme verwendet.
**6.-11. Rd (Weiß):** Jeweils 24 fM häkeln.
**12. Rd:** 23 fM häkeln. Mit 1 Km schließen.
Faden abschneiden und durchziehen.

### Kleiner Punkt (5x)

In Weiß einen Magic-Ring anfertigen.
**1. Rd:** 6 fM in den Ring häkeln (= 6 M).
Faden lang abschneiden und durchziehen.
Noch 4 weitere kleine Punkte ebenso häkeln.

### Großer Punkt

In Weiß einen Magic-Ring anfertigen.
**1. Rd:** 8 hStb in den Ring häkeln (= 8 M).
Faden lang abschneiden und durchziehen.

### Fertigstellen

Die 11. Rd des Oberteils nach innen stülpen, damit der Hut des Pilzes sich etwas wölbt. Die Punkte gleichmäßig auf dem Oberteil zuerst feststecken und dann aufnähen. Das Gras mit Plattstichen in Maigrün aufsticken. Ober- und Unterteil so an der Kapsel ankleben, dass der Verbindungssteg der Kapsel auf der Rückseite ist. Mit 4 Überwendlingsstichen Ober- und Unterteil über dem Steg zusammennähen. Alle Fäden vernähen.

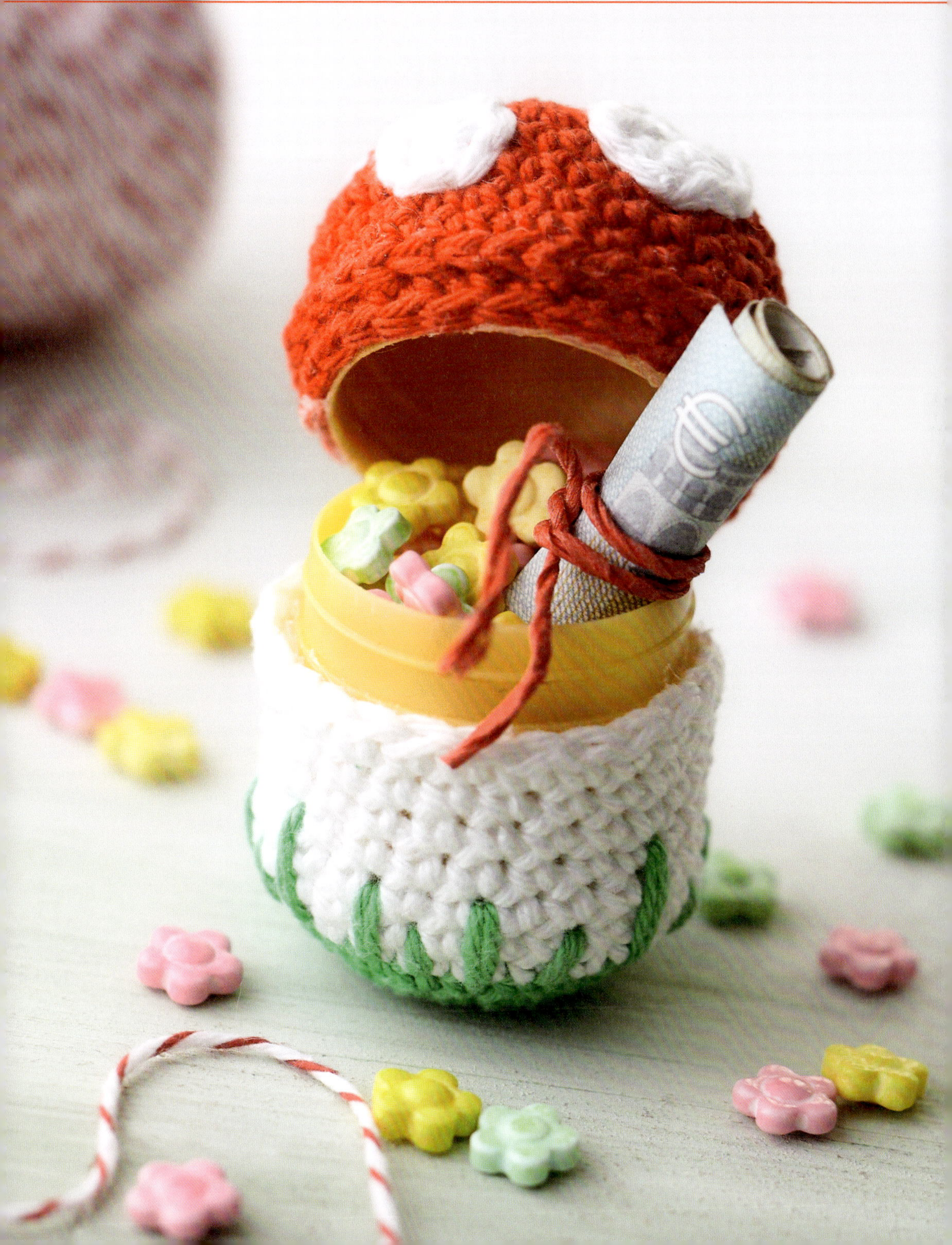

# Dicker Kürbis

perfekt für die Herbstzeit

**MATERIAL**

- Schachenmayr Catania (LL 125 m/50 g) in Orange (Fb 281), 50 g, in Greenery (Fb 418), Rest
- Häkelnadel 3,0 mm
- Heißkleber

## Anleitung

Alle Teile mit Ausnahme der Kürbisrippen und der Ranke werden in Spiral-Rd gearbeitet.

### Oberteil

In Orange einen Magic-Ring anfertigen.
**1. Rd:** 6 fM in den Ring häkeln (= 6 M).
**2. Rd:** Jede fM verdoppeln (= 12 M).
**3. Rd:** Jede 2. fM verdoppeln (= 18 M).
**4. Rd:** Jede 3. fM verdoppeln (= 24 M). Mit 1 Km schließen.
Weiter in geschlossenen Rd arb. Dabei jede Rd mit 1 Lm beginnen und 1 Km beenden.
**5. Rd:** 24 hStb häkeln.
**6.-8. Rd:** * 1 fM, 1 Relief-Stb von vorne häkeln, ab * noch 11x wdh (= 24 M).
Faden abschneiden und durchziehen.

### Unterteil

In Orange einen Magic-Ring anfertigen.
**1. Rd:** 6 fM in den Ring häkeln (= 6 M).
**2. Rd:** Jede fM verdoppeln (= 12 M).
**3. Rd:** Jede 2. fM verdoppeln (= 18 M).
**4. Rd:** Jede 3. fM verdoppeln (= 24 M)
Weiter in geschlossenen Rd arb. Dabei jede Rd mit 1 Lm beginnen und 1 Km beenden.
**5. Rd:** 24 hStb häkeln.
**6.-10. Rd:** * 1 fM, 1 Relief-Stb von vorne häkeln, ab * noch 11x wdh (= 24 M).
Faden abschneiden und durchziehen.

### Stiel

In Greenery in 1 M der 2. Rd des Oberteils anschlingen.
**1. Rd:** 12 fM häkeln.
**2. Rd:** Jeweils 2 fM zusammen abmschen (= 6 M).
**3. Rd:** 4 fM, die 5. und 6. fM zusammen abmaschen (= 5 M).
**4. Rd:** 3 fM, die 4. und 5. fM zusammen abmaschen (= 4 M).
**5. Rd:** 4 fM häkeln.
Faden abschneiden und durchziehen.

### Ranke

In Greenery 18 Lm anschl und in jede Lm 2 fM häkeln.
Faden lang abschneiden und durchziehen.

### Fertigstellen

Die Ranke am Stiel annähen. Ober- und Unterteil so an der Kapsel ankleben, dass der Verbindungssteg der Kapsel auf der Rückseite ist. Mit 4 Überwendlingsstichen Ober- und Unterteil über dem Steg zusammennähen. Alle Fäden vernähen.

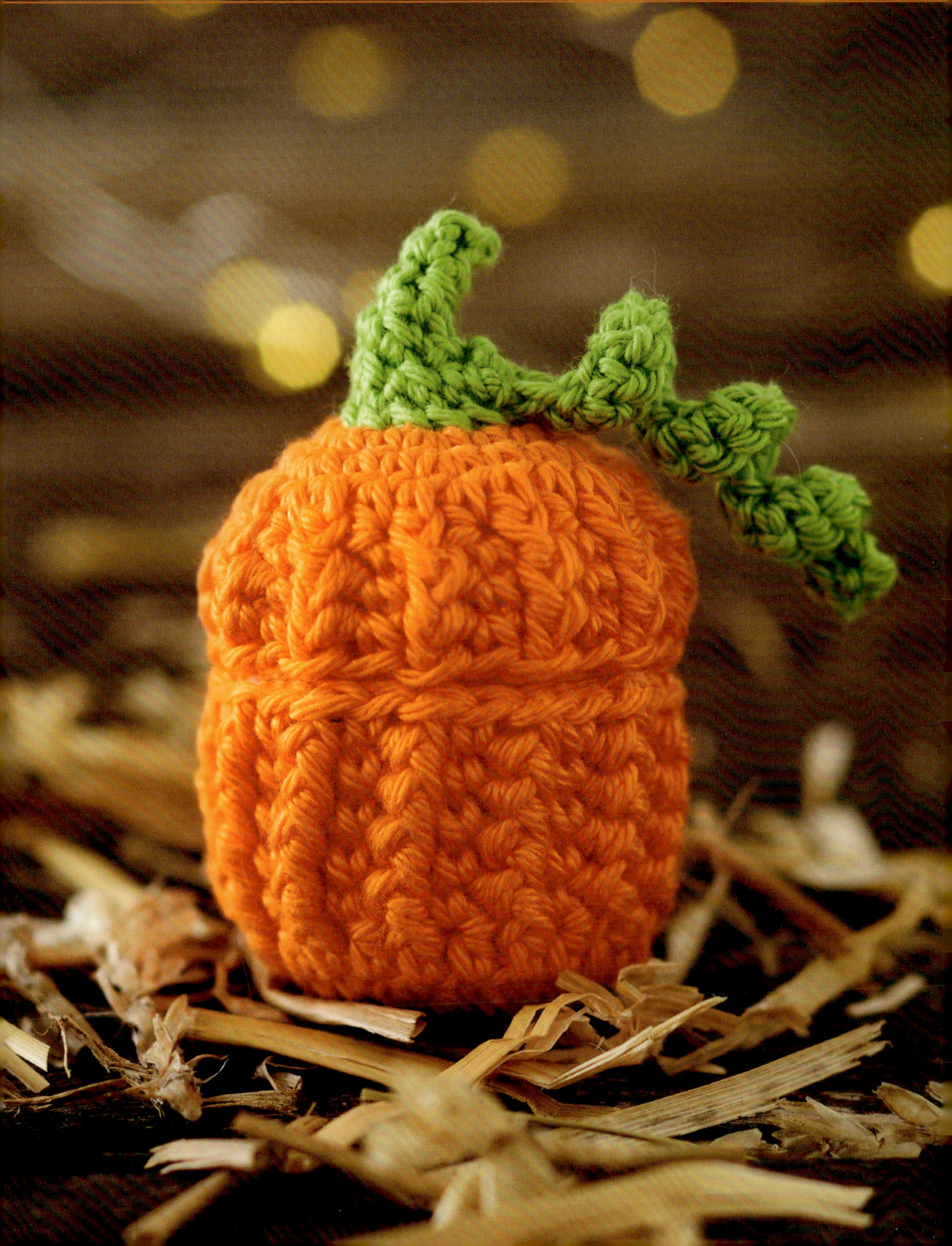

# Freundlicher Engel

## Schutz- oder Weihnachtsengel

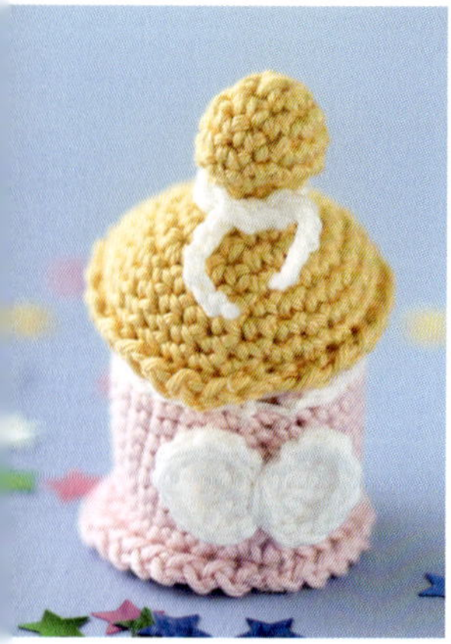

**MATERIAL**

- Schachenmayr Catania (LL 125 m/50 g) in Rosa (Fb 246), Soft Apricot (Fb 263) und Honig (Fb 206), je 50 g, in Weiß (Fb 106), Rest
- Häkelnadel 3,0 mm
- 2 Perlen in Schwarz, ø 4 mm
- Stickgarn in Rot
- Heißkleber

## Anleitung

Alle Teile werden in Spiral-Rd gearbeitet.

### Oberteil

In Soft Apricot einen Magic-Ring anfertigen.
1. Rd: 6 fM in den Ring häkeln (= 6 M).
2. Rd: Jede fM verdoppeln (= 12 M).
3. Rd: Jede 2. fM verdoppeln (= 18 M).
4. Rd: Jede 3. fM verdoppeln (= 24 M).
5.-8. Rd: Jeweils 24 fM häkeln.
9. Rd: 23 fM häkeln. Mit 1 Km schließen.
Faden abschneiden und durchziehen.

### Unterteil

In Rosa einen Magic-Ring anfertigen.
1. Rd: 6 fM in den Ring häkeln (= 6 M).
2. Rd: Jede fM verdoppeln (= 12 M).
3. Rd: Jede 2. fM verdoppeln (= 18 M).
4. Rd: Jede 3. fM verdoppeln (= 24 M).
5. Rd: Jede 4. fM verdoppeln (= 30 M).
6. Rd: 30 Relief-fM von hinten häkeln.
7. Rd: Jede 9. und 10. fM zusammen abmaschen (= 27 M).
8. Rd: Jede 8. und 9. fM zusammen abmaschen (= 24 M).
9.-13. Rd: Jeweils 24 fM häkeln.
14. Rd: 23 fM häkeln. Mit 1 Km schließen.
Faden abschneiden und durchziehen.
In der 6. Rd in Rosa neu anschlingen.
In das „V" jeder Relief-fM der 6. Rd jeweils 1 Km und 1 Lm arb.
Faden abschneiden und durchziehen.

### Haare

In Honig einen Magic-Ring anfertigen.
1. Rd: 6 fM in den Ring häkeln (= 6 M).
2. Rd: Jede fM verdoppeln (= 12 M).
3. Rd: Jede 2. fM verdoppeln (= 18 M).
4. Rd: Jede 3. fM verdoppeln (= 24 M).
5.-7. Rd: Jeweils 24 fM häkeln.
8. Rd: 12 fM häkeln. Dann * 1 Km, 1 Lm, ab * noch 11x wdh.
9. Rd: * 1 Km, 1 Lm, ab * noch 11x wdh. Die restlichen 12 M bleiben unbehäkelt. Mit 1 Km schließen.
Faden lang abschneiden und durchziehen.

## Dutt

In Honig einen Magic-Ring anfertigen.
1. Rd: 6 fM in den Ring häkeln (= 6 M).
2. Rd: Jede fM verdoppeln (= 12 M).
3.-5. Rd: Jeweils 12 fM häkeln.
6. Rd: Jeweils 2 fM zusammen abmaschen (= 6 M).
Faden lang abschneiden und durchziehen.

## Flügel

In Weiß einen Magic-Ring anfertigen.
1. Rd: 3 Lm, 1 DStb, 1 Stb, 1 hStb, 2 Lm, 1 Km, 2 Lm, 1 hStb, 1 Stb, 1 DStb, 3 Lm, 1 Km in den Ring häkeln.
Faden lang abschneiden und durchziehen.

### Fertigstellen

Die Haare auf das Oberteil nähen. Den Dutt auf die Haare nähen. In Weiß eine Lm-Kette von 35 Lm anfertigen und als Band 2x um den Dutt schlingen und verknoten. Vor dem Annähen der Flügel den Faden um die Mitte der Flügel wickeln und fest zusammenziehen. Die Perlen als Augen aufnähen. Den Mund in Rot aufsticken. Ober- und Unterteil so an der Kapsel ankleben, dass der Verbindungssteg der Kapsel auf der Rückseite ist. Mit 4 Überwendlingsstichen Ober- und Unterteil über dem Steg zusammennähen. Alle Fäden vernähen.

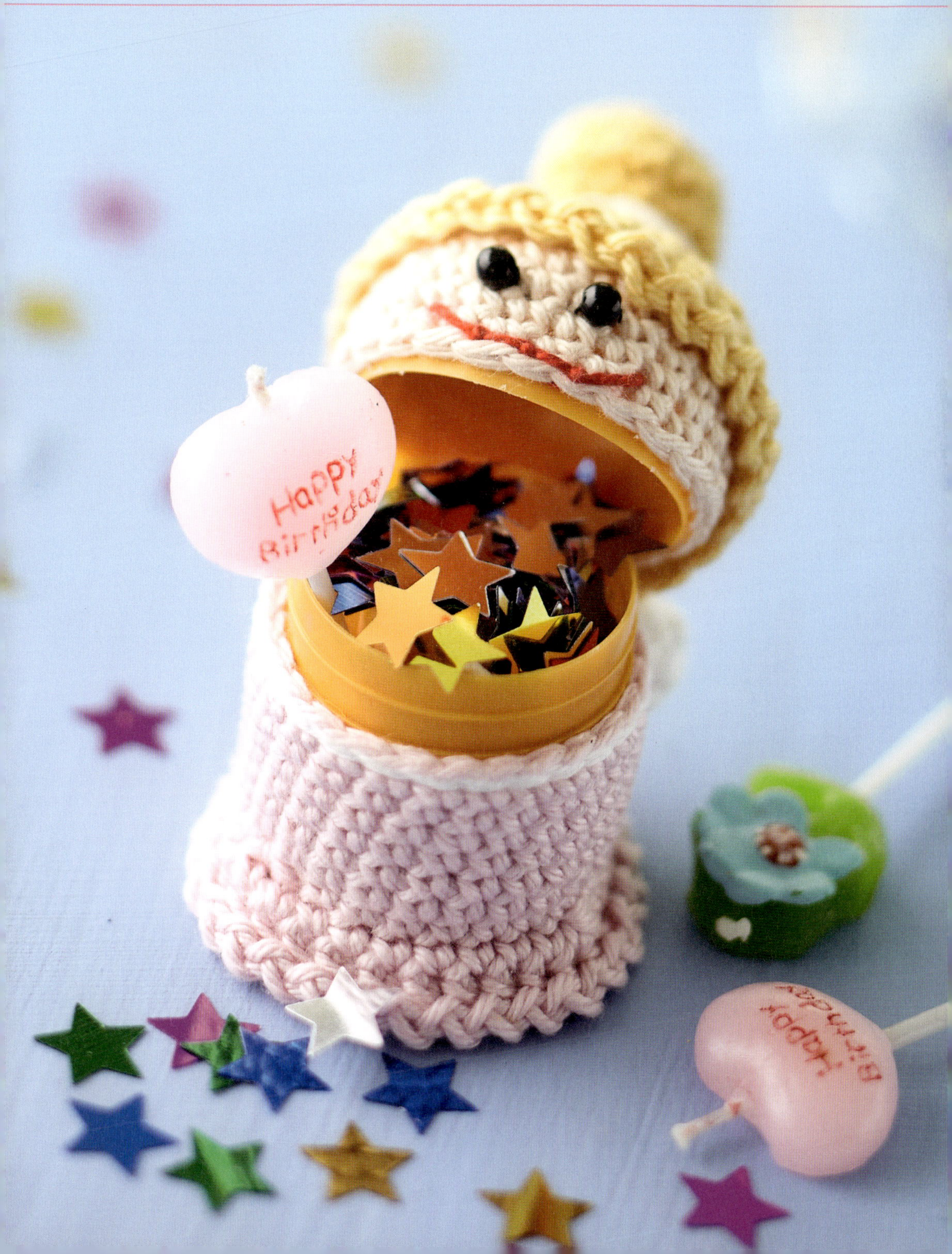
Happy

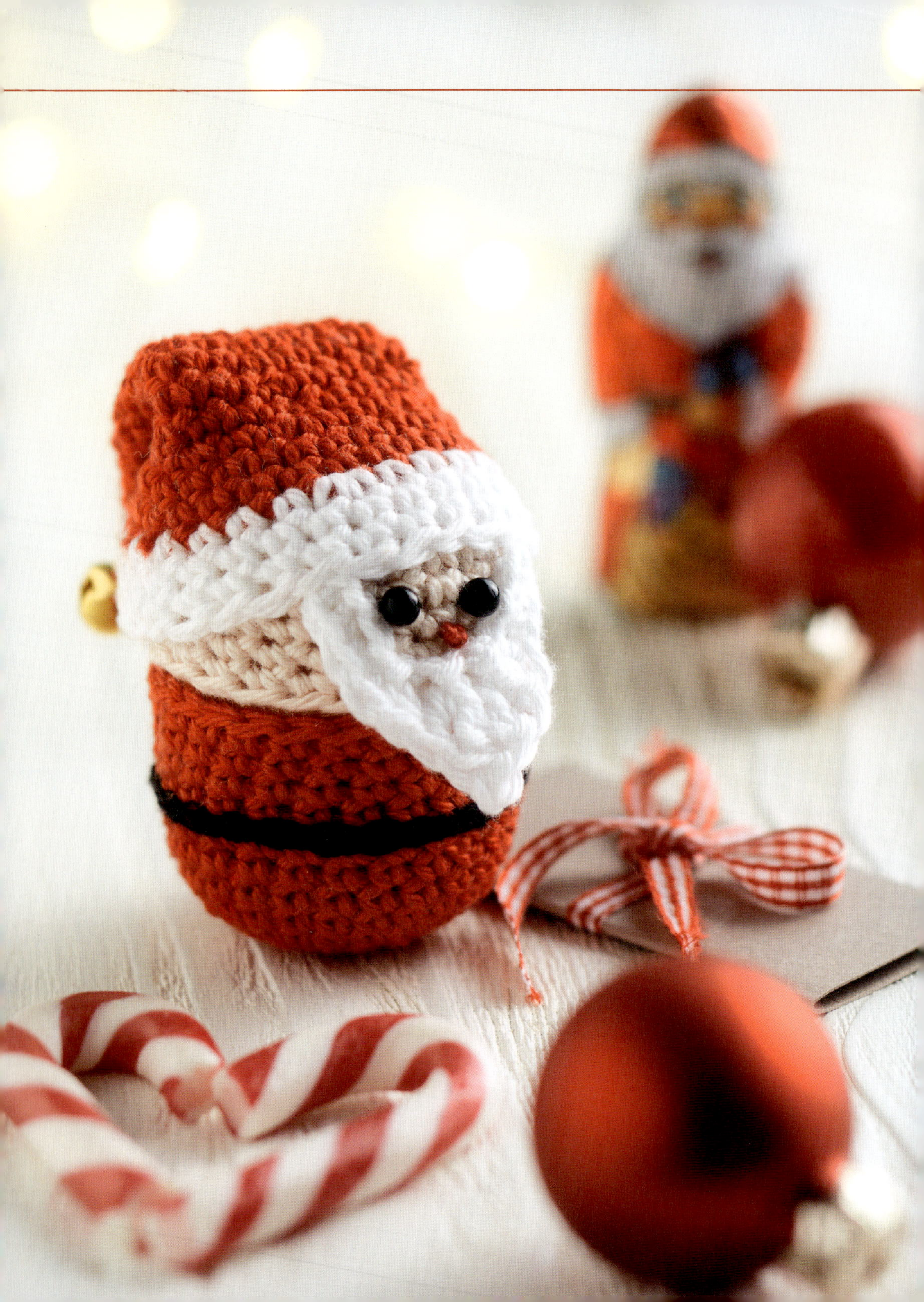

# Großzügiger Nikolaus

bringt Geschenke für alle Artigen

**MATERIAL**

- Schachenmayr Catania (LL 125 m/50 g) in Signalrot (Fb 115), Soft Apricot (Fb 263) und Weiß (Fb 106), je 50 g, in Schwarz (Fb 110), Rest
- Häkelnadel 3,0 mm
- 2 Perlen in Schwarz, ø 4 mm
- Glöckchen in Gold, ø 8 mm
- Heißkleber

## Anleitung

Alle Teile mit Ausnahme des Bartes werden in Spiral-Rd gearbeitet.

### Oberteil

In Soft Apricot einen Magic-Ring anfertigen.
**1. Rd:** 6 fM in den Ring häkeln (= 6 M).
**2. Rd:** Jede fM verdoppeln (= 12 M).
**3. Rd:** Jede 2. fM verdoppeln (= 18 M).
**4. Rd:** Jede 3. fM verdoppeln (= 24 M).
**5.-8. Rd:** Jeweils 24 fM häkeln.
**9. Rd:** 23 fM häkeln. Mit 1 Km schließen.
Faden abschneiden und durchziehen.

### Unterteil

In Signalrot einen Magic-Ring anfertigen.
**1. Rd:** 6 fM in den Ring häkeln (= 6 M).
**2. Rd:** Jede fM verdoppeln (= 12 M).
**3. Rd:** Jede 2. fM verdoppeln (= 18 M).
**4. Rd:** Jede 3. fM verdoppeln (= 24 M).
**5.-11. Rd:** Jeweils 24 fM häkeln.
**12. Rd:** 23 fM häkeln. Mit 1 Km schließen.
Faden abschneiden und durchziehen.

### Mütze

In Signalrot einen Magic-Ring anfertigen.
**1. Rd:** 6 fM in den Ring häkeln (= 6 M).
**2. Rd:** 6 fM häkeln.
**3. Rd:** Jede 3. fM verdoppeln (= 8 M).
**4. Rd:** Jede 4. fM verdoppeln (= 10 M).
**5. Rd:** Jede 5. fM verdoppeln (= 12 M).
**6. Rd:** 12 fM häkeln.
**7. Rd:** Jede 6. fM verdoppeln (= 14 M).
**8. Rd:** 14 fM häkeln.
**9. Rd:** Jede 7. fM verdoppeln (= 16 M).
**10. Rd:** 16 fM häkeln.
**11. Rd:** Jede 8. fM verdoppeln (= 18 M).
**12.+13. Rd:** Jeweils 18 fM häkeln.
**14. Rd:** Jede 3. fM verdoppeln (= 24 M).
**15.+16. Rd:** Jeweils 24 fM häkeln.
Faden abschneiden und durchziehen.
**17. Rd (Weiß):** Jede 12. fM verdoppeln (= 26 M).
**18. Rd:** 26 fM häkeln.
**19. Rd:** 25 fM. Mit 1 Km schließen.
Faden lang abschneiden und durchziehen.

### Bart

In Weiß 14 Lm anschl und weiter in R häkeln.
**1. R:** 3 fM, 1 hStb, 1 Stb, 1 DStb, 1 Lm, 1 Km in das DStb, 1 DStb, 1 hStb, 1 Stb, 1 hStb, 3 fM.
Faden lang abschneiden und durchziehen.

### Gürtel

In der 8. Rd des Unterteils in Schwarz anschlingen und 1 Rd Km häkeln.

### Fertigstellen

Die Mütze an das Oberteil nähen, die Spitze nach hinten klappen und an der Krempe festnähen. Das Glöckchen an die Spitze nähen. Den Bart und die Perlen als Augen aufnähen. Die Nase mit geteiltem Garn in Signalrot aufsticken. Ober- und Unterteil so an der Kapsel ankleben, dass der Verbindungssteg der Kapsel auf der Rückseite ist. Mit 4 Überwendlingsstichen Ober- und Unterteil über dem Steg zusammennähen. Alle Fäden vernähen.

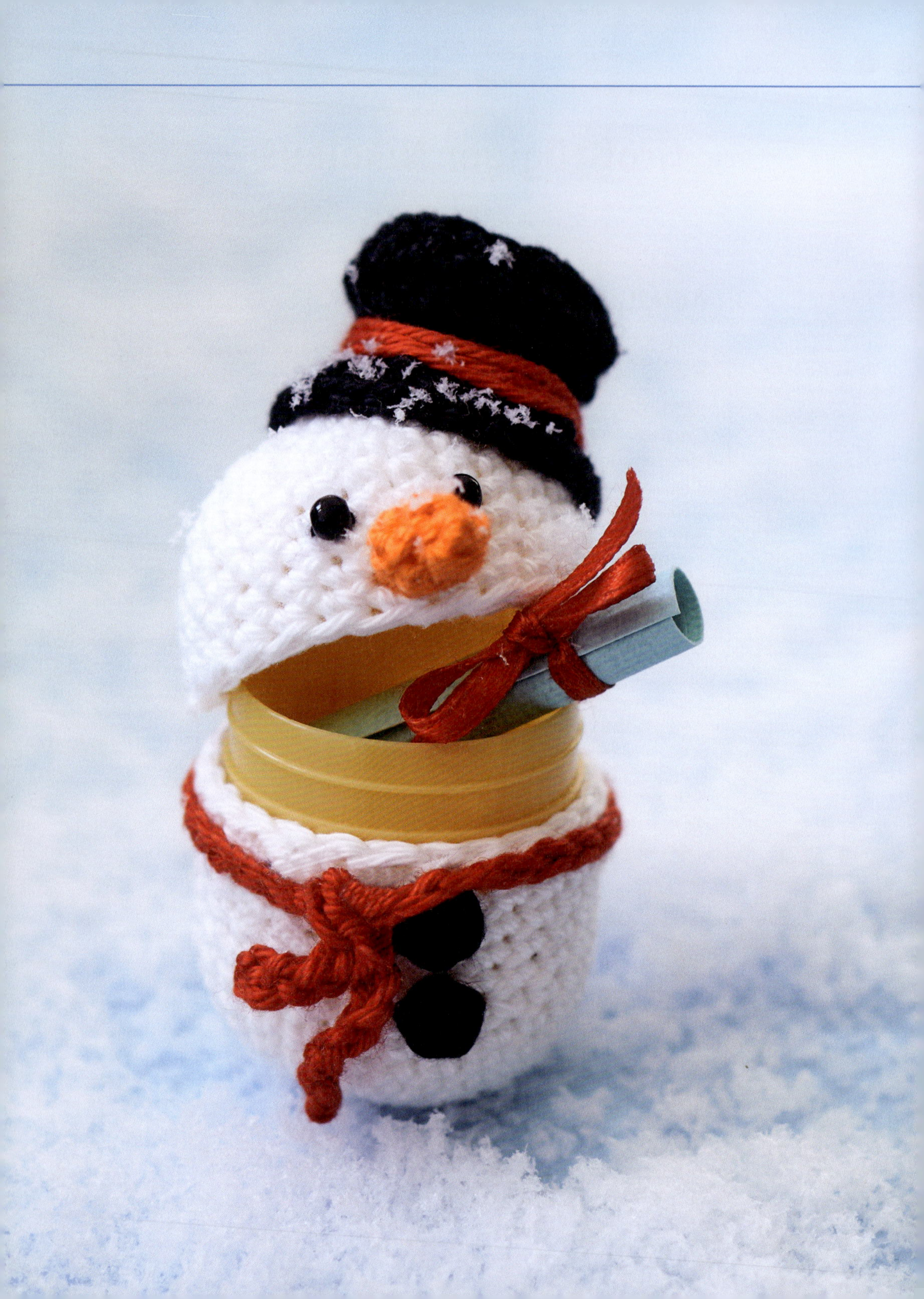

# Frostiger Schneemann

auch toll als Tischschmuck

**MATERIAL**

- Schachenmayr Catania (LL 125 m/50 g) in Weiß (Fb 106) und Schwarz (Fb 110), je 50 g, in Signalrot (Fb 115) und Orange (Fb 281), Reste
- Häkelnadel 3,0 mm
- 2 Perlen in Schwarz, ø 4 mm
- Heißkleber

## Anleitung

Alle Teile werden in Spiral-Rd gearbeitet.

### Oberteil

In Weiß einen Magic-Ring anfertigen.
1. Rd: 6 fM in den Ring häkeln (= 6 M).
2. Rd: Jede fM verdoppeln (= 12 M).
3. Rd: Jede 2. fM verdoppeln (= 18 M).
4. Rd: Jede 3. fM verdoppeln (= 24 M).
5.-8. Rd: Jeweils 24 fM häkeln.
9. Rd: 23 fM häkeln. Mit 1 Km schließen.
Faden abschneiden und durchziehen.

### Unterteil

In Weiß einen Magic-Ring anfertigen.
1. Rd: 6 fM in den Ring häkeln (= 6 M).
2. Rd: Jede fM verdoppeln (= 12 M).
3. Rd: Jede 2. fM verdoppeln (= 18 M).
4. Rd: Jede 3. fM verdoppeln (= 24 M).
5.-11. Rd: Jeweils 24 fM häkeln.
12. Rd: 23 fM häkeln. Mit 1 Km schließen.
Faden abschneiden und durchziehen.

### Hut

In Schwarz einen Magic-Ring anfertigen.
1. Rd: 6 fM in den Ring häkeln (= 6 M).
2. Rd: Jede fM verdoppeln (= 12 M).
3. Rd: Jede 2. fM verdoppeln (= 18 M).
Nun die obere Wölbung des Huts häkeln:
4. Rd: 18 Relief-fM von hinten häkeln.
5. Rd: 18 fM häkeln.
6. Rd: Jede 5. und 6. fM zusammen abmaschen (= 15 M).
7. Rd: 15 fM häkeln.
Für die Krempe wie folgt häkeln:
8. Rd: Relief-hStb von vorne häkeln, dabei jedes 3. Relief-hStb von vorne verdoppeln (= 20 M).
9. Rd: fM häkeln, dabei jede 5. M verdoppeln (= 24 M).
Faden lang abschneiden und durchziehen.

### Knopf (2x)

In Schwarz einen Magic-Ring anfertigen.
1. Rd: 4 fM in den Ring häkeln (= 4 M).
Faden lang abschneiden und durchziehen.
Den 2. Knopf ebenso häkeln.

### Nase

In Orange einen Magic-Ring anfertigen.
1. Rd: 6 fM in den Ring häkeln (= 6 M).
2. Rd: 6 fM häkeln.
3. Rd: Jede 2. und 3. fM zusammen abmaschen (= 4 M).
Faden lang abschneiden und durchziehen.

### Schal

In Signalrot 45 Lm anschl.

### Fertigstellen

Hut, Knöpfe und Nase zuerst feststecken und dann aufnähen. Die Perlen als Augen aufnähen. Einen Faden in Signalrot um den Hut wickeln und festkleben. Den Schal um das Unterteil legen und verknoten. Mit etwas Kleber fixieren. Ober- und Unterteil so an der Kapsel ankleben, dass der Verbindungssteg der Kapsel auf der Rückseite ist. Mit 4 Überwendlingsstichen Ober- und Unterteil über dem Steg zusammennähen. Alle Fäden vernähen.

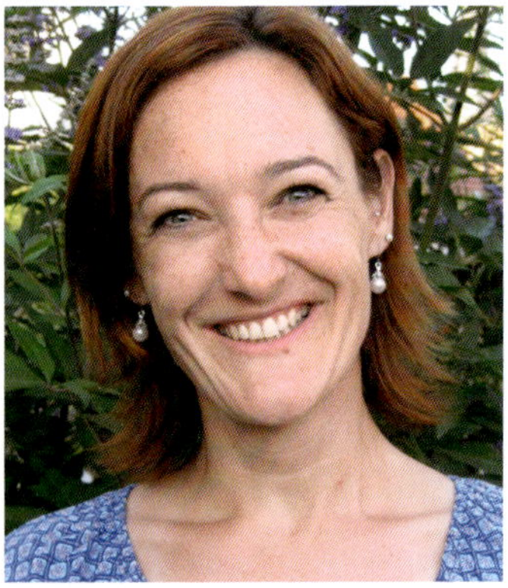

**Melanie Czerny** wurde 1978 im Neckar-Odenwald-Kreis geboren und lebt bis heute mit ihrem Mann und ihren zwei Kindern dort. Als Ausgleich zu Ihrem Beruf interessierte sie sich schon immer für kreative Arbeiten aller Art. Ihre kleine Tochter inspirierte sie dazu, individuelle Häkelprojekte zu entwerfen. Da dies auch in ihrem Freundeskreis sehr gut ankam, entschloss sie sich, ihr Hobby auszubauen und ihre Anleitungen auch für andere zugänglich zu machen.

**DANKE!**

Wir danken der Firma MEZ GmbH für die Unterstützung bei diesem Buch:
www.schachenmayr.com
www.mezcrafts.com

## TOPP – Unsere Servicegarantie

WIR SIND FÜR SIE DA! Bei Fragen zu unserem umfangreichen Programm oder Anregungen freuen wir uns über Ihren Anruf oder Ihre Post. Loben Sie uns, aber scheuen Sie sich auch nicht, Ihre Kritik mitzuteilen – sie hilft uns, ständig besser zu werden.

Bei Fragen zu einzelnen Materialien oder Techniken wenden Sie sich bitte an unseren Kreativservice, Frau Erika Noll.
mail@kreativ-service.info
Telefon 07 11/12 37 57 20

Das Produktmanagement erreichen Sie unter:
pm@frechverlag.de
oder:
frechverlag
Produktmanagement
Dieselstraße 5
70839 Gerlingen
Telefon 07 11 / 8 30 86 68

LERNEN SIE UNS BESSER KENNEN! Fragen Sie Ihren Hobbyfach- oder Buchhändler nach unserem kostenlosen Magazin **Meine kreative Welt**. Darin entdecken Sie dreimal im Jahr die neuesten Kreativtrends und interessantesten Buchneuheiten.

Oder besuchen Sie uns im Internet! Unter **www.topp-kreativ.de** können Sie sich über unser umfangreiches Buchprogramm informieren, unsere Autoren kennenlernen sowie aktuelle Highlights und neue Kreativtechniken entdecken, kurz – die ganze Welt der Kreativität.

Kreativ immer up to date sind Sie mit unserem monatlichen **Newsletter**. Für aktuelle Infos, Gratis-Anleitungen und Gewinnspiele gleich anmelden unter **www.TOPP-kreativ.de/Newsletter**

## IMPRESSUM

FOTOS: frechverlag GmbH, 70839 Gerlingen; lichtpunkt, Michael Ruder, Stuttgart
PRODUKTMANAGEMENT: Claudia Mack
LEKTORAT: Petra Puster, Niederpöcking
GESTALTUNG: Petra Theilfarth
DRUCK: POLYGRAF PRINT spol. s r.o.



6. Auflage 2024



ISBN 978-3-7724-6864-3 • Best.-Nr. 6864

MIX
Aus verantwortungsvollen Quellen
FSC® C023577

Penguin Random House Verlagsgruppe
FSC® N001967